Bibel im Jahr '89

Das Zeugnis des Jesaja

Impulse
aus dem Alten Testament

Herausgegeben
vom Katholischen Bibelwerk e.V.
Stuttgart

CIP-Titelaufnahme der Deutschen Bibliothek

Das Zeugnis des Jesaja:
Impulse aus d. Alten Testament /
hrsg. vom Kath. Bibelwerk e.V. Stuttgart. –
Stuttgart: Verlag Katholisches Bibelwerk, 1988.
(Bibel im Jahr; '89)
ISBN 3-460-19893-1

NE: Katholisches Bibelwerk; GT

Redaktion: Dieter Bauer
Titelfoto: Hans Hug
Bildredaktion und Layout: Hans Hug, Grafiker BDG, Stuttgart
Gesamtherstellung: Wilhelm Röck, Weinsberg
Anschrift der Redaktion: Katholisches Bibelwerk e.V.
Silberburgstraße 121, 7000 Stuttgart 1, Telefon 0711/626001/02

Geleitwort

»Das Wort der Propheten ist ein Licht, das an einem finsteren Ort scheint bis der Tag anbricht« (2 Petr 1,19).

Manch einer, dem das Bibeljahrbuch zum treuen Begleiter geworden ist, wird sich fragen, wieso ihn ein alttestamentlicher Prophet durch das Jahr 1989 begleiten soll.

Haben die Propheten nicht ihre guten Dienste geleistet?

Sie haben den Erlöser angesagt. Er ist in Jesus von Nazaret in unserer Welt und Geschichte aufgetreten. Durch seinen Tod und seine Auferstehung hat er Welt und Mensch geheilt.

Kommt der Herr und Heiland in seiner Kirche zu Wort, so braucht man über die vor-läufigen Propheten nicht mehr viel Worte zu verlieren – oder doch?

Wenn sich die Gemeinde Jesu Christi in der Osternacht, der „Mutter aller Vigilien" versammelt und die Ankunft des Auferstandenen erwartet, hört sie die uralten Geschichten von dem Gott, der den Kosmos aus dem Chaos ruft und Israel aus Ägypten führt.

Sie horcht hin auf die Propheten, „durch die Gott die Menschen immer wieder gelehrt hat, das Heil zu erwarten" (4. Hochgebet).

Im Wort der Propheten wird des Gottes Israels Sehnsucht laut, Welt und Mensch das Heil zu bereiten.

Ist die große Nacht des Wachens maßgebend für das Leben derer, die „aus dem Tod in das Leben hinübergegangen sind" (1 Joh 3,14), dann muß das Zeugnis der Propheten die Brüder und Schwestern Jesu begleiten, wenn sie durch's Jahr hindurch das neue Leben einüben.

Im täglichen Stundengebet und in der Feier der Eucharistie wird das Wort der Propheten laut. Es bewegt uns Christen, im Vertrauen auf den himmlischen Vater und in der Hingabe an die Menschen zu wachsen.

Keineswegs dürfen wir Christen die Propheten überhören. Sie sind Gestalten, die Brücken bauen, zwischen den Juden und uns. Nicht zuletzt im Hinblick auf das Schlimme, das in diesem Jahrhundert den Söhnen und Töchtern Abrahams zugefügt worden ist, sollten Juden und Christen über die von den Propheten erbauten Brücken aufeinander zugehen.

Wenn der Leser gläubigen Sinnes zur sonntäglichen Eucharistiefeier kommt, wird ihm nicht entgehen, daß in diesem Jahr das Evangelium des Lukas die Gottesdienste prägt. Auf ganz eigene Weise beginnt Jesus sein Wirken in der Öffentlichkeit. An einem Sabbat tritt er im Synagogengottesdienst auf. Er liest aus dem Buch des Propheten Jesaja und beansprucht, daß heute in den Ohren der Hörer dieses Wort in Erfüllung geht (vgl. Lk 4, 16 ff).

Wenn Jesus in seiner „Primizpredigt“ (Heinz Schürmann) sich selbst und seinen Beruf anhand eines Wortes aus dem Propheten Jesaja vorstellt, darf der Christ Hand in Hand mit diesem Gottesmann durch's Herrenjahr gehen.

Umfangreich ist das Zeugnis des Jesaja.

Es ist weniger ein Buch als vielmehr eine kleine Bibliothek. So freue ich mich, daß Gelehrte auf den folgenden Seiten uns Lesern helfen, sich in dieser kleinen, aber überaus kostbaren Bibliothek des Gotteswortes besser zurecht zu finden.

Groß ist unser Dank für ihre Mühe, auf wenigen Seiten uns das Porträt dieses Werkes vorzustellen.

Die Erforscher des Jesaja-Buches wissen von mehreren Schichten in diesem prophetischen Buch. Vielleicht macht es Mut, mit Hilfe des vorliegenden Büchleins das Zeugnis des Jesaja selbst zu hören und zu lesen, wenn ich drei Worte nenne, die mir Türen zu diesem Buch der Heiligen Schrift geworden sind:

In äußerst bedrängter Zeit baut Achas, König von Juda, die Wehranlagen Jerusalems aus. Da tritt Jesaja, der Gesandte des heiligen Gottes, ihm entgegen und verweist den König und das Gottesvolk auf den, der in bedrängter Zeit Halt gibt: Jahwe. So bleibt nur, wer glaubt. Zeichen der sicheren Treue Gottes ist das Kind, das die Junfrau gebären wird. Sie wird ihm den Namen geben „Immanuel“: Gott ist mit uns (Jes 7).

Wieder ist das Gottesvolk in Bedrängnis, nämlich in der babylonischen Gefangenschaft. Gottverlassen erscheint den Israeliten ihr Leben und so sagen sie: Gott hat uns verlassen. Er hat uns vergessen. Da „beschlagnahmt“ Gott einen Mann. Seinen Namen wissen wir nicht. Man nennt ihn Deuterojesaja. Er muß Gottes Wort in diese Dunkelheit hinausreden:

„Kann denn eine Frau ihr Kindlein vergessen?
eine Mutter ihren leiblichen Sohn?
Und selbst wenn sie ihn vergessen würde:
ich vergesse euch nicht ...“ (Jes 49,15 ff).

Auch seine Predigten sind aufbewahrt in der kostbaren Bibliothek, die den Titel Jesaja trägt.

Und ein drittes Wort ist mir Schlüssel zu dieser Schatzkammer geworden. Gesprochen ist es von Tritojesaja. Er ist Gottes Zeuge unter den aus der Gefangenschaft Heimgekehrten. Was sie sich erhofften, ist nicht eingetroffen: Nicht das große davidische Reich ist gekommen, sondern das Gottesvolk ist zu einem kleinen Rest zusammengeschmolzen. So hat sich Mutlosigkeit eingeschlichen. Zuversicht ist Mangelware geworden. Da richtet Gott sein Wort aus durch seinen Propheten:

> „Nein, ihr sollt euch ohne Erde freuen
> und jubeln über das, was ich erschaffen.
> Denn ich mache aus Jerusalem Jubel
> und aus seinen Einwohnern Freude“ (Jes 65,18).

Ja, es ist gut und heilsam, sich im Jahr des Heils 1989 vom Zeugnis des Jesaja begleiten zu lassen. Wir tun gut daran, das Wort der Propheten zu beachten: „denn es ist ein Licht, das an einem finsteren Ort scheint, bis der Tag anbricht und der Morgenstern aufgeht in eueren Herzen“ (2 Petr 1,19).

+ Friedrich Card. Wetter

Kardinal Dr. Friedrich Wetter
Erzbischof von
München und Freising

Vorwort

Unser bekanntes und beliebtes „Bibeljahrbuch" kann auf 25 Jahre seines Erscheinens zurückblicken. Es war damals zum 80. Deutschen Katholikentag im September 1964 in Stuttgart, daß die erste Ausgabe von „Bibel im Jahr" vom Katholischen Bibelwerk e. V. zusammen mit dem Johann Michael Sailer Verlag in Nürnberg herausgegeben wurde.

Dieser Katholikentag 1964 in Stuttgart ging ja als der ausgesprochen „biblische" in die Geschichte ein, denn das Zentralkomitee der deutschen Katholiken und die Deutsche Bischofskonferenz hatten beschlossen, die Bibel und Bibelarbeit zum Schwerpunkt des Katholikentags zu erheben und in allen Diözesen eine Kollekte für das Bibelwerk e. V. durchzuführen, die 2,1 Millionen D-Mark erbrachte. Mit diesem Geld konnten nicht nur 100000 Neue Testamente verteilt werden, sondern auch das Haus des Bibelwerks in der Silberburgstraße 121 in Stuttgart, das ehemalige Hotel Silber, samt Nebengebäude gekauft werden. Allen Teilnehmern, Fernsehzuschauern und Radiohörern des Stuttgarter Katholikentags bleiben die aufrüttelnde Rede des Schweizer Jesuitenpaters Mario von Galli bei der Hauptkundgebung auf dem Cannstatter Wasen und die Worte Kardinal Augustin Bea's bei der Wort-Gottes-Feier freitagabends im Neckarstadion in bewegender Erinnerung, weil damit die Kraft und Ermutigung des Zweiten Vatikanischen Konzils und seines Aggiornamento-Programms in Deutschland und besonders bei den Mitgliedern der biblisch-ökumenischen Erneuerungsbewegung begeistert aufgenommen und bezeugt wurde.

Das Leitwort dieses biblischen Katholikentags vor 25 Jahren „Wandelt euch durch ein neues Denken" (Röm 12,2) hat nichts an provozierender Aktualität eingebüßt und ist gegenwärtig nötiger als je, wo verschiedene Anzeichen uns zum Umdenken zwingen. Möge das neue Bibeljahrbuch 1989 mit seinem „Zeugnis des Jesaja" uns zu solchem Umdenken verantwortlich anleiten.

Paul-Gerhard Müller
Direktor des Katholischen Bibelwerks

Nicht alle
unsere Wünsche,
aber alle
seine Verheißungen
erfüllt Gott.
Dietrich Bonhoeffer

JANUAR

Tag		Fest / Gedenktag	Lesungen	
1	So	**Hochfest der Gottesmutter Maria**	Num 6,22–27 Gal 4,4–7 Lk 2,16–21	Psalm 8
2	Mo	Basilius der Große (379) Gregor von Nazianz (um 390)	1 Joh 2,22–28 Joh 1,19–28	Lk 3,1–6
3	Di		1 Joh 2,29–3,6 Joh 1,29–34	Lk 3,7–9
4	Mi		1 Joh 3,7–10 Joh 1,35–42	Lk 3,10–14
5	Do		1 Joh 3,11–21 Joh 1,43–51	Lk 3,15–20
6	Fr	Erscheinung des Herrn	Jes 60,1–6 Eph 3,2–3a.5–6 Mt 2,1–12	Lk 3,21–38
7	Sa	Valentin (um 475) Raimund von Peñafort (1275)	1 Joh 3,22–4,6 Mt 4,12–17.23–25	Lk 4,1–13
8	So	**Taufe des Herrn**	Jes 40,1–5.9–11 Tit 2,11–14; 3,4–7 Lk 3,15–16.21–22	Psalm 4
9	Mo		Hebr 1,1–6 Mk 1,14–20	Lk 4,14–21
10	Di		Hebr 2,5–12 Mk 1,21–28	Lk 4,22–30
11	Mi		Hebr 2,14–18 Mk 1,29–39	Lk 4,31–37
12	Do		Hebr 3,7–14 Mk 1,40–45	Lk 4,38–44
13	Fr	Hilarius (um 367)	Hebr 4,1–5.11 Mk 2,1–12	Lk 5,1–11
14	Sa		Hebr 4,12–16 Mk 2,13–17	Lk 5,12–16
15	So	**2. Sonntag im Jahreskreis**	Jes 62,1–5 1 Kor 12,4–11 Joh 2,1–11	Psalm 40
16	Mo		Hebr 5,1–10 Mk 2,18–22	Lk 5,17–26

Der Herr wurde mein Halt. Er führte mich hinaus ins Weite. Psalm 18,19.20

17 Di	Antonius (356)	Hebr 6,10–20 Mk 2,23–28	Lk 5,27–32
18 Mi		Hebr 7,1–3.15–17 Mk 3,1–6	Lk 5,33–39
19 Do		Hebr 7,25–8,6 Mk 3,7–12	Lk 6,1–11
20 Fr	Fabian (250) Sebastian (288)	Hebr 8,6–13 Mk 3,13–19	Lk 6,12–19
21 Sa	Meinrad (861) Agnes (304)	Hebr 9,2–3.11–14 Mk 3,20–21	Lk 6,20–26
22 So	**3. Sonntag im Jahreskreis**	Neh 8,2–4a.5–6.8–10 1 Kor 12,12–31a Lk 1,1–4; 4,14–21	Psalm 18,1–20
23 Mo	Heinrich Seuse (1366)	Hebr 9,15.24–28 Mk 3,22–30	Lk 6,27–36
24 Di	Franz von Sales (1622)	Hebr 10,1–10 Mk 3,31–35	Lk 6,37–42
25 Mi	Bekehrung des Apostels Paulus	Apg 22,3–16 oder Apg 9,1–22 Mk 3,31–35	Lk 6,43–49
26 Do	Timotheus und Titus	Hebr 10,19–25 Mk 4,21–25	Lk 7,1–10
27 Fr	Angela Merici (1540)	Hebr 10,32–39 Mk 4,26–34	Lk 7,11–17
28 Sa	Thomas von Aquin (1274)	Hebr 11,1–2.8–19 Mk 4,35–41	Lk 7,18–23
29 So	**4. Sonntag im Jahreskreis**	Jer 1,4–5.17–19 1 Kor 12,31–13,13 Lk 4,21–30	Psalm 19
30 Mo		Hebr 11,32–40 Mk 5,1–20	Lk 7,24–35
31 Di	Johannes Bosco (1888)	Hebr 12,1–4 Mk 5,21–43	Lk 7,36–50

[1] Die Stellenangaben der mittleren Spalten beziehen sich auf die liturgischen Lesungen der katholischen Perikopenordnung, während die äußere Spalte den Vorschlag der Ökumenischen Arbeitsgemeinschaft für Bibellesen wiedergibt.

FEBRUAR

Tag		Fest	Lesungen	
1	Mi		Hebr 12,4–7.11–15 Mk 6,1–6a	Lk 8,1–3
2	Do	Darstellung des Herrn	Mal 3,1–4 Hebr 2,11–12.13c–18 Lk 2,22–40	Lk 8,4–15
3	Fr	Ansgar (865) Blasius (um 316)	Hebr 13,1–8 Mk 6,14–29	Lk 8,16–21
4	Sa	Rabanus Maurus (856)	Hebr 13,15–17.20–21 Mk 6,30–34	Lk 8,22–25
5	**So**	**5. Sonntag im Jahreskreis**	Jes 6,1–2a.3–8 1 Kor 15,1–11 Lk 5,1–11	Psalm 15
6	Mo	Paul Miki und Gefährten (1597)	Gen 1,1–19 Mk 6,53–56	Lk 8,26–39
7	Di		Gen 1,20–2,4a Mk 7,1–13	Lk 8,40–56
8	Mi	Aschermittwoch Hieronymus Ämiliani (1537)	Joel 2,12–18 2 Kor 5,20–6,2 Mt 6,1–6.16–18	Lk 9,1–9
9	Do		Dtn 30,15–20 Lk 9,22–25	Lk 9,10–17
10	Fr	Scholastika (um 547)	Jes 58,1–9a Mt 9,14–15	Lk 9,18–27
11	Sa	Gedenktag Unserer Lieben Frau in Lourdes	Jes 58,9b–14 Lk 5,27–32	Lk 9,28–36
12	**So**	**1. Fastensonntag**	Dtn 26,4–10 Röm 10,8–13 Lk 4,1–13	Psalm 6
13	Mo		Lev 19,1–2.11–18 Mt 25,31–46	Lk 9,37–45
14	Di	Cyrill (869) Methodius (885)	Jes 55,10–11 Mt 6,7–15	Lk 9,46–50

Jesus Christus spricht: Wer mir folgen will, der verleugne sich selbst und nehme sein Kreuz auf sich täglich und folge mir nach. Lukas 9,23

Tag			Lesungen	
15	Mi		Jona 3,1–10 Lk 11,29–32	Lk 9,51–56
16	Do		Est 14,1.3–5.12–14 Mt 7,7–12	Lk 9,57–62
17	Fr	Sieben Gründer des Servitenordens (14. Jh.)	Ez 18,21–28 Mt 5,20–26	Lk 10,1–16
18	Sa		Dtn 26,16–19 Mt 5,43–48	Lk 10,17–20
19	**So**	**2. Fastensonntag**	Gen 15,5–12.17–18 Phil 3,17–4,1 Lk 9,28b–36	Psalm 25
20	Mo		Dan 9,4b–10 Lk 6,36–38	Lk 10,21–24
21	Di	Petrus Damiani (1072)	Jes 1,10.16–20 Mt 23,1–12	Lk 10,25–37
22	Mi	Kathedra Petri	1 Petr 5,1–4 Mt 16,13–20	Lk 10,38–42
23	Do	Polykarp (155)	Jer 17,5–10 Lk 16,19–31	Lk 18,31–43
24	Fr	Apostel Matthias	Apg 1,15–17.20–26 Joh 15,9–17	Lk 19,1–10
25	Sa	Walburga (779)	Mi 7,14–15.18–20 Lk 15,1–3.11–32	Lk 19,11–27
26	**So**	**3. Fastensonntag**	Ex 3,1–8a.13–15 1 Kor 10,1–6.10–12 Lk 13,1–9	Psalm 10
27	Mo		2 Kön 5,1–15a Lk 4,24–30	Lk 19,28–40
28	Di		Dan 3,25.34–43 Mt 18,21–35	Lk 19,41–48

MÄRZ

1	Mi		Dtn 4,1.5–9 Mt 5,17–19	Lk 20,1–8
2	Do		Jer 7,23–28 Lk 11,14–23	Lk 20,9–19
3	Fr		Hos 14,2–10 Mk 12,28b–34	Lk 20,20–26
4	Sa	Kasimir (1484)	Hos 6,1–6 Lk 18,9–14	Lk 20,27–40
5	**So**	**4. Fastensonntag**	Jos 5,9a.10–12 2 Kor 5,17–21 Lk 15,1–3.11–32	Psalm 16
6	Mo	Fridolin von Säckingen (7. Jh.)	Jes 65,17–21 Joh 4,43–54	Lk 20,41–44
7	Di	Perpetua und Felizitas (202/203)	Ez 47,1–9.12 Joh 5,1–3a.5–16	Lk 20,45–21,4
8	Mi	Johannes von Gott (1550)	Jes 49,8–15 Joh 5,17–30	Lk 21,5–19
9	Do	Bruno von Querfurt (1009) Franziska (1440)	Ex 32,7–14 Joh 5,31–47	Lk 21,20–28
10	Fr		Weish 2,1a.12–22 Joh 7,1–2.10.25–30	Lk 21,29–38
11	Sa		Jer 11,18–20 Joh 7,40–53	Lk 22,1–6
12	**So**	**5. Fastensonntag**	Jes 43,16–21 Phil 3,8–14 Joh 8,1–11	Psalm 22,1–22
13	Mo		Dan 13,1–9.15–17.19–30.33–62 Joh 8,12–20	Lk 22,7–23
14	Di	Mathilde (968)	Num 21,4–9 Joh 8,21–30	Lk 22,24–30
15	Mi	Klemens Maria Hofbauer (1820)	Dan 3,14–20.49–50.91–92.95 Joh 8,31–42	Lk 22,31–38
16	Do		Gen 17,3–9 Joh 8,51–59	Lk 22,39–46

Du, Herr, wirst mich nicht dem Tode überlassen. Du tust mir kund den Weg zum Leben. Psalm 16,10.11

17 Fr	Gertrud (655) Patrick (461)	Jer 20,10–13 Joh 10,31–42	Lk 22,47–53
18 Sa	Cyrill (386)	Ez 37,21–28 Joh 11,45–57	Lk 22,54–62
19 So	**Palmsonntag** **Josef, Bräutigam der Gottesmutter Maria**	Jes 50,4–7 Phil 2,6–11 Lk 22,14–23,56	Psalm 22,23–32
20 Mo		Jes 42,1–7 Joh 12,1–11	Lk 22,63–71
21 Di		Jes 49,1–6 Joh 13,21–33.36–38	Lk 23,1–12
22 Mi		Jes 50,4–9a Mt 26,14–25	Lk 23,13–25
23 Do	Gründonnerstag	Ex 12,1–8.11–14 1 Kor 11,23–26 Joh 13,1–5	Lk 23,26–32
24 Fr	Karfreitag	Jes 52,13–53,12 Hebr 4,14–16; 5,7–9 Joh 18,1–19,42	Lk 23,33–49
25 Sa	Karsamstag	Gen 1,1–2,2 Röm 6,3–11 Lk 24,1–12	Lk 23,50–56
26 So	**Ostersonntag**	Apg 10,34a.37–43 Kol 3,1–4 Joh 20,1–9	Lk 24,1–12
27 Mo	Ostermontag	Apg 2,14.22–33 1 Kor 15,1–8.11 Lk 24,13–35	Lk 24,13–35
28 Di		Apg 2,36–41 Joh 20,11–18	Lk 24,36–49
29 Mi		Apg 3,1–10 Lk 24,13–35	Lk 24,50–53
30 Do		Apg 3,11–26 Lk 24,35–48	Kol 1,1–8
31 Fr		Apg 4,1–12 Joh 21,1–14	Kol 1,9–14

APRIL

1	Sa		Apg 4,13–21 Mk 16,9–15	Kol 1,15–20
2	**So**	**2. Sonntag der Osterzeit**	Apg 5,12–16 Offb 1,9–11a. 12–13.17–19 Joh 20,19–31	Psalm 20
3	Mo		Apg 4,23–31 Joh 3,1–8	Kol 1,21–23
4	Di	Isidor (636)	Apg 4,32–37 Joh 3,7–15	Kol 1,24–29
5	Mi	Vinzenz Ferrer (1419)	Apg 5,17–26 Joh 3,16–21	Kol 2,1–7
6	Do		Apg 5,27–33 Joh 3,31–36	Kol 2,8–15
7	Fr	Johannes Baptist de la Salle (1719)	Apg 5,34–42 Joh 6,1–15	Kol 2,16–19
8	Sa		Apg 6,1–7 Joh 6,16–21	Kol 2,20–23
9	**So**	**3. Sonntag der Osterzeit**	Apg 5,27b–32.40b–41 Offb 5,11–14 Joh 21,1–19	Psalm 23
10	Mo		Apg 6,8–15 Joh 6,22–29	Kol 3,1–4
11	Di	Stanislaus (1079)	Apg 7,51–8,1a Joh 6,30–35	Kol 3,5–11
12	Mi		Apg 8,1b–8 Joh 6,35–40	Kol 3,12–17
13	Do	Martin I. (656)	Apg 8,26–36.38–40 Joh 6,44–51	Kol 3,18–4,1
14	Fr		Apg 9,1–20 Joh 6,52–59	Kol 4,2–6
15	Sa		Apg 9,31–42 Joh 6,60–69	Kol 4,7–18

Der Name Gottes sei gepriesen von Ewigkeit zu Ewigkeit. Denn er hat die Weisheit und die Macht.
Daniel 2,20

16 So	**4. Sonntag der Osterzeit**	Apg 13,14.43b–52 Offb 7,9.14b–17 Joh 10,27–30	Psalm 28
17 Mo		Apg 11,1–18 Joh 10,1–10	Dan 1,1–21
18 Di		Apg 11,19–26 Joh 10,22–30	Dan 2,1–26
19 Mi	Leo IX. (1054)	Apg 12,24–13,5a Joh 22,44–50	Dan 2,27–49
20 Do		Apg 13,13–25 Joh 13,16–20	Dan 3,1–30
21 Fr	Konrad von Parzham (1894) Anselm (1109)	Apg 13,26–33 Joh 14,1–6	Dan 5,1–12
22 Sa		Apg 13,44–52 Joh 14,7–14	Dan 5,13–30
23 So	**5. Sonntag der Osterzeit**	Apg 14,21b–27 Offb 21,1–5a Joh 13,31–33a.34–35	Psalm 45
24 Mo	Fidelis von Sigmaringen (1622)	Apg 14,5–18 Joh 14,21–26	Dan 6,1–29
25 Di	Evangelist Markus	1 Petr 5,5b–14 Mk 16,15–20	Dan 7,1–14
26 Mi		Apg 15,1–6 Joh 15,1–8	Dan 7,15–28
27 Do	Petrus Kanisius (1597)	Apg 15,7–21 Joh 15,9–11	Dan 12,1–13
28 Fr	Peter Chanel (1841)	Apg 15,22–31 Joh 15,12–17	Apg 1,1–14
29 Sa	Katharina von Siena (1380)	Apg 16,1–10 Joh 15,18–21	Apg 1,15–26
30 So	**6. Sonntag der Osterzeit**	Apg 15,1–2.22–29 Offb 21,10–14.22–23 Joh 14,23–29	Psalm 30

MAI

Tag		Name	Lesungen	
1	Mo	Josef, der Arbeiter	Gen 1,26–2,3 oder Kol 3,14–15.17.23–24 Mt 13,54–58	Apg 2,1–13
2	Di	Athanasius (373)	Apg 16,22–34 Joh 16,5–11	Apg 2,14–28
3	Mi	Apostel Philippus und Jakobus der Ältere	1 Kor 15,1–8 Joh 14,6–14	Apg 2,29–36
4	Do	Christi Himmelfahrt	Apg 1,1–11 Hebr 9,24–28; 10,19–23 Lk 24,46–53	Psalm 47
5	Fr	Godehard (1038)	Apg 18,9–18 Joh 16,20–23a	Apg 2,37–41
6	Sa		Apg 18,23–28 Joh 16,23b–28	Apg 2,42–47
7	**So**	**7. Sonntag der Osterzeit**	Apg 7,55–60 Offb 22,12–14.16–17.20 Joh 17,20–26	Psalm 27
8	Mo		Apg 19,1–8 Joh 16,29–33	Apg 3,1–10
9	Di		Apg 20,17–27 Joh 17,1–11a	Apg 3,11–16
10	Mi		Apg 20,28–38 Joh 17,11b–19	Apg 3,17–26
11	Do		Apg 22,30; 23,6–11 Joh 17,20–26	Apg 4,1–12
12	Fr	Nereus und Achilleus (um 304) Pankratius (um 304)	Apg 25,13–21 Joh 21,15–19	Apg 4,13–22
13	Sa		Apg 28,16–20.30–31 Joh 21,20–25	Apg 4,23–31
14	**So**	**Pfingstsonntag**	Apg 2,1–11 Röm 8,8–17 Joh 14,15–16.23b–26	Psalm 118,1–14
15	Mo	Pfingstmontag	Joel 3,1–5 Röm 8,14–17 Joh 3,16–21	Psalm 118,15–29
16	Di	Johannes Nepomuk (1393)	Gen 6,5–8; 7,1–5.10 Mk 8,14–21	Hebr 1,1–3

Sie blieben aber beständig in der Lehre der Apostel und in der Gemeinschaft und im Brotbrechen und im Gebet.
Apostelgeschichte 2,42

17 Mi		Gen 8,6–13.20–22 Mk 8,22–26	Hebr 1,4–14
18 Do	Johannes I. (526)	Gen 9,1–13 Mk 8,27–33	Hebr 2,1–9
19 Fr		Gen 11,1–9 Mk 8,34–9,1	Hebr 2,10–18
20 Sa	Bernhardin von Siena (1444)	Hebr 11,1–7 Mk 9,2–13	Hebr 3,1–6
21 So	**Dreifaltigkeitssonntag**	Spr 8,22–31 Röm 5,1–5 Joh 16,12–15	Psalm 29
22 Mo		Sir 1,1–4.6.8–10 Mk 9,14–29	Hebr 3,7–19
23 Di		Sir 2,1–11 Mk 9,30–37	Hebr 4,1–13
24 Mi		Sir 4,11–19 Mk 9,38–40	Hebr 4,14–5,10
25 Do	Fronleichnam	Gen 14,18–20 1 Kor 11,23–26 Lk 9,11b–17	Hebr 5,11–6,8
26 Fr	Philipp Neri (1595)	Sir 6,5–17 Mk 10,1–12	Hebr 6,9–20
27 Sa	Augustinus (um 604)	Sir 17,1–4.6–15 Mk 10,13–16	Hebr 7,1–10
28 So	**8. Sonntag im Jahreskreis**	Sir 27,4–7 1 Kor 15,54–58 Lk 6,39–45	Psalm 13
29 Mo		Sir 17,24–29 Mk 10,17–27	Hebr 7,11–22
30 Di		Sir 35,1–12 Mk 10,28–31	Hebr 7,23–38
31 Mi		Sir 36,1–2.4–5a.10–17 Mk 10,32–45	Hebr 8,1–13

JUNI

1	Do	Justin (um 165)	Sir 42,15–25 Mk 10,46–52	Hebr 9,1–10
2	Fr	Heiligstes Herz Jesu	Ez 34,11–16 Röm 5,5b–11 Lk 15,3–7	Hebr 9,11–15
3	Sa	Karl Lwanga und Gefährten (1886)	Sir 51,12–20 Mk 11,27–33	Hebr 9,16–28
4	**So**	**9. Sonntag im Jahreskreis**	1 Kön 8,41–43 Gal 1,1–2.6–10 Lk 7,1–10	Psalm 18,21–37. 47–51
5	Mo	Bonifatius (754)	Tob 1,1–2; 2,1–8 Mk 12,1–12	Hebr 10,1–18
6	Di	Norbert von Xanten (1134)	Tob 2,9–14; 3,1a Mk 12,13–17	Hebr 10,19–25
7	Mi		Tob 3,1–13.16–17a Mk 12,18–27	Hebr 10,26–31
8	Do		Tob 6,10–12; 7,1.7b–14; 8,4–8; Mk 12,28b–34	Hebr 10,32–39
9	Fr	Ephräm der Syrer (373)	Tob 11,5–14 Mk 12,35–37	Hebr 11,1–7
10	Sa		Tob 12,1–15.20 Mk 12,38–44	Hebr 11,8–22
11	**So**	**10. Sonntag im Jahreskreis**	1 Kön 17,17–24 Gal 1,11–19 Lk 7,11–17	Psalm 32
12	Mo		2 Kor 1,1–7 Mt 5,1–12	Hebr 11,23–31
13	Di	Antonius vom Padua (1231)	2 Kor 1,18–22 Mt 5,13–16	Hebr 11,32–40
14	Mi		2 Kor 3,4–11 Mt 5,17–19	Hebr 12,1–11
15	Do	Vitus (um 304)	2 Kor 3,15–4,1.3–6 Mt 5,20–26	Hebr 12,12–17

Man muß Gott mehr gehorchen als den Menschen.
Apostelgeschichte 5,29

16 Fr	Benno (1106)	2 Kor 4,7–15 Mt 5,27–32	Hebr 12,18–24
17 Sa		2 Kor 5,14–21 Mt 5,33–37	Hebr 12,25–29
18 So	**11. Sonntag im Jahreskreis**	2 Sam 12,7–10.13 Gal 2,16.19–21 Joh 7,36–8,3	Psalm 7
19 Mo	Romuald (1027)	2 Kor 6,1–10 Mt 5,38–42	Hebr 13,1–14
20 Di		2 Kor 8,1–9 Mt 5,43–48	Hebr 13,15–25
21 Mi	Aloisius Gonzaga (1591)	2 Kor 9,6–11 Mt 6,1–6.16–18	Apg 4,32–37
22 Do	Paulinus von Nola (431), John Fisher (1535) und Thomas Morus (1535)	2 Kor 11,1–11 Mt 6,7–15	Apg 5,1–11
23 Fr		2 Kor 11,18.22–30 Mt 6,19–23	Apg 5,12–33
24 Sa	Geburt des hl. Johannes des Täufers	Jes 49,1–6 Apg 13,16.22–26 Lk 1,57–66.80	Apg 5,34–42
25 So	**12. Sonntag im Jahreskreis**	Sach 12,10–11; 13,1 Gal 3,26–29 Lk 9,18–24	Psalm 1
26 Mo		Gen 12,1–9 Mt 7,1–5	Apg 6,1–7
27 Di	Hemma von Gurk (1045) Cyrill (444)	Gen 13,2.5–18 Mt 7,6.12–14	Apg 6,8–15
28 Mi	Irenäus von Lyon (um 202)	Gen 15,1–12.17–18 Mt 7,15–20	Apg 7,1–16
29 Do	Petrus und Paulus	Apg 12,1–11 2 Tim 4,6–8.17–18 Mt 16,13–19	Apg 7,17–29
30 Fr	Otto (1139); Die ersten Märtyrer der Stadt Rom	Gen 17,1.9–10.15–22 Mt 8,1–4	Apg 7,30–43

JULI

1 Sa		Gen 18,1–15 Mt 8,5–17	Apg 7,44–53
2 So	**13. Sonntag im Jahreskreis**	1 Kön 19,16b.19–21 Gal 5,1.13–18 Lk 9,51–62	Psalm 26
3 Mo	Apostel Thomas	Eph 2,19–22 Joh 20,24–29	Apg 7,54–8,3
4 Di	Ulrich (973) Elisabeth (1336)	Gen 19,15–29 Mt 8,23–27	Apg 8,4–25
5 Mi	Antonius Maria Zaccaria (1539)	Gen 21,5.8–20 Mt 8,28–34	Apg 8,26–40
6 Do	Maria Goretti (1902)	Gen 22,1–19 Mt 9,1–8	Apg 9,1–9
7 Fr	Willibald (787)	Gen 23,1–4.19; 24,1–8.62–67 Mt 9,9–13	Apg 9,10–19a
8 Sa	Kilian (um 689)	Gen 27,1–5.15–29 Mt 9,14–17	Apg 9,19b–31
9 So	**14. Sonntag im Jahreskreis**	Jes 66,10–14c Gal 6,14–18 Lk 10,1–12.17–20	Psalm 21,1–8
10 Mo	Knud (1086); Erich (1160); Olaf (1030)	Gen 28,10–22a Mt 9,18–26	Apg 9,32–43
11 Di	Benedikt von Nursia (547)	Gen 32,23–32 Mt 9,32–38	Apg 10,1–20
12 Mi		Gen 41,55–47; 42,5–7a.17–24a Mt 10,1–7	Apg 10,21–33
13 Do	Heinrich II. (1024) und Kunigunde (1033)	Gen 44,18–21.23b–29 45,1–5; Mt 10,7–15	Apg 10,34–48
14 Fr	Kamillus von Lellis (1614)	Gen 46,1–7.28–30 Mt 10,16–23	Apg 11,1–18
15 Sa	Bonaventura (1274)	Gen 49,29–33; 50,15–26a Mt 10,24–33	Apg 11,19–30

Herr, ich habe lieb die Stätte deines Hauses und den Ort, da deine Ehre wohnt. Psalm 26,8

Tag	Fest / Gedenktag	Lesungen	Apg / Psalm
16 So	**15. Sonntag im Jahreskreis**	Dtn 30,10–14 Kol 1,15–20 Lk 10,25–37	Psalm 11
17 Mo		Ex 1,8–14.22 Mt 10,34–11,1	Apg 12,1–19a
18 Di		Ex 2,1–15a Mt 11,20–24	Apg 12,19b–25
19 Mi		Ex 3,1–6.9–12 Mt 11,25–27	Apg 13,1–12
20 Do	Margarete (um 703)	Ex 3,13–20 Mt 11,28–30	Apg 13,13–25
21 Fr	Laurentius von Brindisi (1619)	Ex 11,10–12,14 Mt 12,1–8	Apg 13,26–41
22 Sa	Maria Magdalena	Ex 12,37–42 Mt 12,14–21	Apg 13,42–52
23 So	**16. Sonntag im Jahreskreis**	Gen 18,1–10a Kol 1,24–28 Lk 10,38–42	Psalm 14
24 Mo	Christophorus (um 250)	Ex 14,5–18 Mt 12,38–42	Apg 14,1–7
25 Di	Apostel Jakobus der Ältere	2 Kor 4,7–15 Mt 20,20–28	Apg 14,8–20
26 Mi	Joachim und Anna	Ex 16,1–5.9–15 Mt 13,1–9	Apg 14,21–28
27 Do		Ex 19,1–2.9–11.16–20 Mt 13,10–17	Apg 15,1–12
28 Fr		Ex 20,1–17 Mt 13,18–23	Apg 15,13–35
29 Sa	Martha von Betanien	Ex 24,3–8 Mt 13,24–30	Apg 15,36–16,5
30 So	**17. Sonntag im Jahreskreis**	Gen 18,20–32 Kol 2,12–14 Lk 11,1–13	Psalm 33
31 Mo	Ignatius von Loyola (1556)	Ex 32,15–24.30–34 Mt 13,31–35	Apg 16,6–15

AUGUST

Tag		Gedenktag	Lesungen	
1	Di	Alfons Maria von Liguori (1787)	Ex 33,7–11; 34,5b–9.28 Mt 13,36–43	Apg 16,16–24
2	Mi	Eusebius (371)	Ex 34,29–35 Mt 13,44–46	Apg 16,25–40
3	Do		Ex 40,16–21.34–36 Mt 13,47–53	Apg 17,1–15
4	Fr	Johannes Maria Vianney (1859)	Lev 23,1.4–11. 15–16.27. 34b–37 Mt 13,54–58	Apg 17,16–34
5	Sa	Weihetag der Basilika Santa Maria Maggiore in Rom	Lev 25,1.8–17 Mt 14,1–12	Apg 18,1–22
6	**So**	**Verklärung des Herrn**	Dan 7,9–10.13–14 2 Petr 1,16–19 Lk 9,28b–36	Psalm 17
7	Mo	Papst Xystus II. und Gefährten (258); Kajetan (1547)	Num 11,4b–15 Mt 14,13–21	Apg 18,23–19,7
8	Di	Dominikus (1221)	Num 12,1–13 Mt 14,22–36	Apg 19,8–22
9	Mi		Num 13,1–3a.25–14,1. 26–30.34–35 Mt 15,21–28	Apg 19,23–40
10	Do	Märtyrer Laurentius (258)	2 Kor 9,6–10 Joh 12,24–26	Apg 20,1–16
11	Fr	Klara von Assisi (1253)	Dtn 4,32–40 Mt 16,24–28	Apg 20,17–38
12	Sa		Dtn 6,4–13 Mt 17,14–20	Apg 21,1–14
13	**So**	**19. Sonntag im Jahreskreis**	Weish 18,6–9 Hebr 11,1–2.8–19 Lk 12,32–48	Psalm 119,1–8
14	Mo	Maximilian Kolbe (1941)	Dtn 10,12–22 Mt 17,22–27	Apg 21,15–26
15	Di	Mariä Aufnahme in den Himmel	Offb 11,19a;12,1–6a. 10ab; 1 Kor 15,20–27a Lk 1,39–56	Apg 21,27–40
16	Mi	Stephan (1038)	Dtn 43,1–12 Mt 18,15–20	Apg 22,1–22

Gottes Hilfe habe ich erfahren bis zum heutigen Tag und stehe nun hier und bin sein Zeuge.
Apostelgeschichte 26,22

Tag			Lesungen	
17	Do		Jos 3,7–10a.11.13–17 Mt 18,21–19,1	Apg 22,23–30
18	Fr		Jos 24,1–13 Mt 19,3–12	Apg 23,1–11
19	Sa	Johannes Eudes (1680)	Jos 24,14–28 Mt 19,13–15	Apg 23,12–35
20	**So**	**20. Sonntag im Jahreskreis**	Jer 38,4–6.8–10 Hebr 12,1–4 Lk 12,49–53	Psalm 119,9–16
21	Mo	Pius X. (1914)	Ri 2,11–19 Mt 19,16–22	Apg 24,1–21
22	Di	Maria Königin	Ri 6,11–24a Mt 19,23–30	Apg 24,22–27
23	Mi	Rosa von Lima (1617)	Ri 9,6–15 Mt 20,1–6	Apg 25,1–12
24	Do	Apostel Bartholomäus	Offb 21,9b–14 Joh 1,45–51	Apg 25,13–27
25	Fr	Ludwig (1270) Josef von Calasanza (1648)	Rut 1,1.3–6.14b–16.22 Mt 22,34–40	Apg 26,1–23
26	Sa		Rut 2,1–3.8–11; 4,13–17 Mt 23,1–12	Apg 26,24–32
27	**So**	**21. Sonntag im Jahreskreis**	Jes 66,18–21 Hebr 12,5–7.11–13 Lk 13,22–30	Psalm 119,17–24
28	Mo	Augustinus (430)	1 Thess 1,1–5.8b–10 Mt 23,13–22	Apg 27,1–12
29	Di	Enthauptung Johannes' des Täufers	1 Thess 2,1–8 Mt 23,23–26	Apg 27,13–26
30	Mi		1 Thess 2,9–13 Mt 23,27–32	Apg 27,27–44
31	Do	Paulinus (358)	1 Thess 3,7–13 Mt 24,42–51	Apg 28,1–10

SEPTEMBER

1	Fr		1 Thess 4,1–8 Mt 25,1–13	Apg 28,11–16
2	Sa		1 Thess 4,9–11 Mt 25,14–30	Apg 28,17–31
3	**So**	**22. Sonntag im Jahreskreis**	Sir 3,17–18.20.28–29 Hebr 12,18–19.22–24a Lk 14,1.7–14	Psalm 119,25–32
4	Mo		1 Thess 4,13–17 Lk 4,16–30	2 Kön 2,1–15
5	Di		1 Thess 5,1–6.9–11 Lk 4,31–37	2 Kön 5,1–19a
6	Mi		Kol 1,1–8 Lk 4,38–44	2 Kön 16,1–16
7	Do		Kol 1,9–14 Lk 5,1–11	2 Kön 17,1–23
8	Fr	Mariä Geburt	Mi 5,1–4a oder Röm 8,28–30 Mt 1,1–16.18–23	2 Kön 18,1–12
9	Sa		Kol 1,21–23 Lk 6,1–5	2 Kön 18,13–37
10	**So**	**23. Sonntag im Jahreskreis**	Weish 9,13–19 Phlm 9b–10.12–17 Lk 14,25–33	Psalm 119,33–40
11	Mo		Kol 1,24–2,3 Lk 6,6–11	2 Kön 19,1–19
12	Di	Mariä Namen	Kol 2,6–15 Lk 6,12–19	2 Kön 19,20–37
13	Mi	Johannes Chrysostomus (407)	Kol 3,1–11 Lk 6,20–26	2 Kön 22,1–13
14	Do	Kreuzerhöhung	Num 21,4–9 Phil 2,6–11 Joh 3,13–17	2 Kön 22,14–23,3
15	Fr	Mariä Schmerzen	1 Tim 1,1–2.12–14 Lk 6,39–42	2 Kön 23,4–25

Wende meine Augen ab von eitlen Dingen; durch dein Wort belebe mich! Psalm 119,37

16 Sa	Kornelius (253) und Cyprian (258)	1 Tim 1,15–17 Lk 6,43–49	2 Kön 23,26–37
17 So	**24. Sonntag im Jahreskreis**	Ex 32,7–11.13–14 1 Tim 1,12–17 Lk 15,1–32	Psalm 103
18 Mo	Lambert (um 705)	1 Tim 2,1–7 Lk 7,1–10	2 Kön 24,1–17
19 Di	Januarius (um 304)	1 Tim 3,1–13 Lk 7,11–17	2 Kön 25,1–21
20 Mi		1 Tim 3,14–16 Lk 7,31–35	Esra 1,1–11
21 Do	Apostel und Evangelist Matthäus	Eph 4,1–7.11–13 Mt 9,9–13	Esra 3,1–13
22 Fr	Mauritius und Gefährten (280–305)	1 Tim 6,3–12 Lk 8,1–3	Esra 4,1–24
23 Sa		1 Tim 6,13–16 Lk 8,4–15	Esra 5,1–17
24 So	**25. Sonntag im Jahreskreis**	Am 8,4–7 1 Tim 2,1–8 Lk 16,1–13	Psalm 65
25 Mo	Nikolaus von Flüe (1487)	Esra 1,1–6 Lk 8,16–18	Esra 6,1–22
26 Di	Kosmas und Damian (303)	Esra 6,7–8.12b.14–20 Lk 8,19–21	Esra 7,1–28
27 Mi	Vinzenz von Paul (1660)	Esra 9,5–9 Lk 9,1–6	Hag 1,1–15
28 Do	Lioba (um 782) Wenzel (929)	Hag 1,1–8 Lk 9,7–9	Hag 2,1–9.20–23
29 Fr	Erzengel Michael, Gabriel und Rafael	Dan 7,9–10.13–14 oder Offb 12,7–12a Joh 1,47–51	Neh 1,1–11
30 Sa	Hieronymus (420)	Sach 2,5–9a.14–15a Lk 9,43b–45	Neh 2,1–10

OKTOBER

Tag		Fest/Gedenktag	Lesungen	
1	So	**26. Sonntag im Jahreskreis**	Am 6,1a.4–7 1 Tim 6,11–16 Lk 16,19–31	Psalm 34
2	Mo	Schutzengel	Sach 8,2–8 Lk 9,46–50	Neh 2,11–20
3	Di		Sach 8,20–23 Lk 9,51–56	Neh 4,1–17
4	Mi	Franz von Assisi (1226)	Neh 2,1–8 Lk 9,57–62	Neh 5,1–19
5	Do		Neh 8,1–4a.5b–6.8–12 Lk 10,1–12	Neh 8,1–18
6	Fr	Bruno (1101)	Bar 1,15–22 Lk 10,13–16	Neh 9,1–3.32–37
7	Sa	Gedenktag Unserer Lieben Frau vom Rosenkranz	Bar 4,5–12.27–29 Lk 10,17–24	Neh 10,1.29–40
8	So	**27. Sonntag im Jahreskreis**	Hab 1,2–3; 2,2–4 2 Tim 1,6–8.13–14 Lk 17,5–10	Psalm 119,41–48
9	Mo	Dionysius (nach 250) Johannes Leonardi (1609)	Jona 1,1–2,1.11 Lk 10,25–37	Spr 25,15.21–28
10	Di		Jona 3,1–10 Lk 10,38–42	Spr 26,4–12
11	Mi		Jona 3,10–4,11 Lk 11,1–4	Spr 26,13–19
12	Do		Mal 3,13–20a Lk 11,5–13	Spr 27,1–6.17
13	Fr		Joel 1,13–15; 2,1–2 Lk 11,14–26	Spr 28,1–5
14	Sa	Kallistus I. (222)	Joel 4,12–21 Lk 11,27–28	Spr 29,5–11.18
15	So	**28. Sonntag im Jahreskreis**	2 Kön 5,14–17 2 Tim 2,8–13 Lk 17,11–19	Psalm 119,49–56
16	Mo	Hedwig von Andechs (1234) Gallus (645) Margareta Maria Alacoque (1690)	Röm 1,1–7 Lk 11,29–32	Lk 11,1–13

Wer seinem Nächsten schmeichelt, der spannt ihm ein Netz über den Weg. Sprichwörter 29,5

Tag		Gedenktag	Lesungen	
17	Di	Ignatius (um 115)	Röm 1,16–25 Lk 11,37–41	Lk 11,14–28
18	Mi	Evangelist Lukas	2 Tim 4,10–17a Lk 10,1–9	Lk 11,29–36
19	Do	Johannes de Brébeuf, Isaak Jogues und Gefährten (1642–1649), Paul vom Kreuz (1775)	Röm 3,21–30 Lk 11,47–54	Lk 11,37–44
20	Fr	Wendelin (6. Jh.)	Röm 4,1–8 Lk 12,1–7	Lk 11,45–54
21	Sa	Ursula und Gefährtinnen (um 904)	Röm 4,13.16–18 Lk 12,8–12	Lk 12,1–12
22	**So**	**29. Sonntag im Jahreskreis**	Ex 17,8–13 2 Tim 3,14–4,2 Lk 18,1–8	Psalm 73
23	Mo	Johannes von Capestrano (1456)	Röm 4,20–25 Lk 12,13–21	Lk 12,13–21
24	Di	Antonius Maria Claret (1870)	Röm 5,12.15.17–19.20b–21 Lk 12,35–38	Lk 12,22–34
25	Mi		Röm 6,12–18 Lk 12,39–48	Lk 12,35–48
26	Do		Röm 6,19–23 Lk 12,49–53	Lk 12,49–59
27	Fr		Röm 7,18–25a Lk 12,54–59	Lk 13,1–9
28	Sa	Apostel Simon und Judas	Eph 2,19–22 Lk 6,12–19	Lk 13,10–17
29	**So**	**30. Sonntag im Jahreskreis**	Sir 35,15b–17.20–22a 2 Tim 4,6–8.16–18 Lk 18,9–14	Pslam 5
30	Mo		Röm 8,12–17 Lk 13,10–17	Lk 13,18–21
31	Di	Wolfgang (994)	Röm 8,18–25 Lk 13,18–21	Lk 13,22–30

NOVEMBER

Tag		Fest/Gedenktag	Lesungen	
1	Mi	Allerheiligen	Offb 7,2–4.9–14 1 Joh 3,1–3 Mt 5,1–12a	Lk 13,31–35
2	Do	Allerseelen	Jes 25,6a.7–9 1 Kor 15,20–23 Joh 6,51–58 u. a.	Lk 14,1–14
3	Fr	Hubert (727); Pirmin (753); Martin von Porres (1639)	Röm 9,1–5 Lk 14,1–6	Lk 14,15–24
4	Sa	Karl Borromäus (1584)	Röm 11,1–2a.11–12.25–29 Lk 14,1.7–11	Lk 14,25–35
5	**So**	**31. Sonntag im Jahreskreis**	Weish 11,22–12,2 2 Thess 1,11–2,2 Lk 19,1–10	Psalm 3,1–7
6	Mo	Leonhard (6. Jh.)	Röm 11,29–36 Lk 14,12–14	Lk 15,1–10
7	Di	Willibrord (739)	Röm 12,5–16a Lk 14,15–24	Lk 15,11–32
8	Mi		Röm 13,8–10 Lk 14,25–33	Lk 16,1–9
9	Do	Weihetag der Lateran- basilika	Ez 47,1–2.8–9.12 1 Kor 3,9c–11.16–17 Joh 2,13–22	Lk 16,10–15
10	Fr	Leo der Große (461)	Röm 15,14–21 Lk 16,1–8	Lk 16,16–18
11	Sa	Martin von Tours (397)	Röm 16,3–9.16.22–27 Lk 16,9–13	Lk 16,19–31
12	**So**	**32. Sonntag im Jahreskreis**	2 Makk 7,1–2.7a.9–14 2 Thess 2,16–3,5 Lk 20,27–38	Psalm 12
13	Mo		Weish 1,1–7 Lk 17,1–6	Lk 17,1–10
14	Di		Weish 2,23–3,9 Lk 17,7–10	Lk 17,11–19
15	Mi	Albert der Große (1280) Leopold (1136)	Weish 6,1–11 Lk 17,11–19	Lk 17,20–37

Das ist der Wille Gottes, eure Heiligung.

1 Thessalonicher 4,3

16 Do	Margareta von Schottland (1039)	Weish 7,22–8,1 Lk 17,20–25	Lk 18,1–8
17 Fr	Gertrud von Helfta (1302)	Weish 13,1–9 Lk 17,26–37	Lk 18,9–17
18 Sa	Weihetag der Basiliken St. Peter u. St. Paul zu Rom	Weish 18,14–16; 19,6–9 Lk 18,1–8	Lk 18,18–30
19 So	**33. Sonntag im Jahreskreis**	Mal 3,19–20b 2 Thess 3,7–12 Lk 21,5–19	Psalm 69,1–16
20 Mo		1 Makk 1,11–16.43–45. 57–60.65–67 Lk 18,35–43	1 Thess 1,1–10
21 Di	Gedenktag Unserer Lieben Frau in Jerusalem	2 Makk 6,18–31 Lk 19,1–10	1 Thess 2,1–12
22 Mi	Cäcilia (um 250)	2 Makk 7,1.20–31 Lk 19,11–28	1 Thess 2,13–16
23 Do	Kolumban (615) Klemens I. (101)	1 Makk 2,15–29 Lk 19,41–44	1 Thess 2,17–20
24 Fr		1 Makk 4,36–37.52–59 Lk 19,45–48	1 Thess 3,1–13
25 Sa	Katharina von Alexandria (4. Jh.)	1 Makk 6,1–13 Lk 20,27–40	1 Thess 4,1–12
26 So	**Christkönigssonntag**	2 Sam 5,1–3 Kol 1,12–20 Lk 23,35–43	Psalm 69,17–22. 30–37
27 Mo		Dan 1,1–6.8–20 Lk 21,1–4	1 Thess 4,13–18
28 Di		Dan 2,31–45 Lk 21,5–11	1 Thess 5,1–11
29 Mi		Dan 5,1–6.13–14. 16–17.23–28 Lk 21,12–19	1 Thess 5,12–28
30 Do	Apostel Andreas	Röm 10,9–18 Mt 4,18–22	2 Thess 1,1–12

DEZEMBER

Tag		Gedenktag	Lesungen	
1	Fr		Dan 7,2–14 Lk 21,29–33	2 Thess 2,1–17
2	Sa	Luzius (5./6. Jh.)	Dan 7,15–27 Lk 21,34–36	2 Thess 3,1–18
3	**So**	**1. Adventssonntag**	Jes 2,1–5 Röm 13,11–14a Mt 24,29–44	Psalm 24
4	Mo	Barbara (306); Johannes von Damaskus (um 750)	Jes 4,2–6 Mt 8,5–11	Sach 1,7–17
5	Di	Anno (1075)	Jes 11,1–10 Lk 10,21–24	Sach 2,1–9
6	Mi	Nikolaus (um 350)	Jes 25,6–10a Mt 15,29–37	Sach 2,10–17
7	Do	Ambrosius (397)	Jes 26,1–6 Mt 7,21.24–27	Sach 3,1–10
8	Fr	Hochfest der ohne Erbsünde empfangenen Jungfrau und Gottesmutter Maria	Gen 3,9–15.20 Eph 1,3–6.11–12 Lk 1,26–38	Sach 4,1–14
9	Sa		Jes 30,19–21.23–26 Mt 9,35–10,1.6–8	Sach 5,1–11
10	**So**	**2. Adventssonntag**	Jes 11,1–10 Röm 15,4–9 Mt 3,1–12	2 Sam 2,1–10
11	Mo	Damasus I. (384)	Jes 35,1–10 Lk 5,17–26	Sach 6,1–8
12	Di	Johanna Franziska von Chantal (1641)	Jes 40,1–11 Mt 18,12–14	Sach 6,9–15
13	Mi	Odilia (um 720) Luzia (um 304)	Jes 40,25–31 Mt 11,28–30	Sach 7,1–14
14	Do	Johannes vom Kreuz (1591)	Jes 41,13–20 Mt 11,11–15	Sach 8,1–3.14–23
15	Fr		Jes 48,17–19 Mt 11,16–19	Sach 9,9–12
h24 16	Sa		Sir 48,1–4.9–11 Mt 17,10–13	Sach 12,9–13,1

Aus seiner Fülle haben wir alle empfangen, Gnade über Gnade. Johannes 1,16

17	So	**3. Adventssonntag**	Jes 35,1–6a.10 Jak 5,7–10 Mt 11,2–11	Lk 1,68–79
18	Mo		Jer 23,5–8 Mt 1,18–24	Sach 14,1–11
19	Di		Ri 13,2–7.24–25a Lk 1,5–25	Mal 1,6–14
20	Mi		Jes 7,10–14 Lk 1,26–38	Mal 2,17–3,5
21	Do		Hld 2,8–14 oder Zef 3,14–17 Lk 1,39–45	Mal 3,6–12
22	Fr		1 Sam 1,24–28 Lk 1,46–56	Mal 3,13–18
23	Sa	Johannes von Krakau (1473)	Mal 3,1–4.23–24 Lk 1,57–66	Mal 3,19–24
24	So	**4. Adventssonntag**	Jes 7,10–14 Röm 1,1–7 Mt 1,18–24	Lk 1,46–55
25	Mo	Weihnachten Hochfest der Geburt des Herrn	Jes 52,7–10 Hebr 1,1–6 Joh 1,1–18	Psalm 2
26	Di	Stephanus	Apg 6,8–10; 7,54–60 Mt 10,17–22	Lk 2,29–32
27	Mi	Hl. Johannes, Apostel und Evangelist	1 Joh 1,1–4 Joh 20,2–8	Joh 1,1–5
28	Do	Unschuldige Kinder	1 Joh 1,5–2,2 Mt 2,13–18	Joh 1,6–8
29	Fr	Thomas Becket (1170)	1 Joh 2,3–11 Lk 2,22–35	Joh 1,9–13
30	Sa		1 Joh 2,12–17 Lk 2,36–40	Joh 1,14–18
31	So	**Fest der Heiligen Familie**	Sir 3,2–6.12–14 Kol 3,12–21 Mt 2,13–15.19–23	Psalm 46

Erich Fried: Zweifle nicht
an dem
der dir sagt
er hat Angst

aber hab Angst
vor dem
der dir sagt
er kennt keinen Zweifel

Der Prophet und seine Botschaft

Einführung in das Buch Jesaja

Das Buch Jesaja

Nicht zu Unrecht hat man das Jesajabuch mit seinen 66 Kapiteln schon als eine „prophetische Bibliothek" bezeichnet. Denn es birgt in der Tat nicht nur alle bedeutsamen Themen der Prophetie Israels, es umspannt auch einen Zeitraum von nahezu 500 Jahren. Die ältesten Texte gehen auf Jesaja selbst zurück (Zeit seines prophetischen Wirkens 736–701 v. Chr.), die jüngsten sind wohl im 3. Jahrhundert v. Chr. anzusiedeln. Damit kommen alle historischen, politischen und theologischen Sachverhalte, die in diesem Zeitraum die profane und religiöse Welt Israles bestimmen, zur Darstellung bzw. bilden den Hintergrund für entsprechende Aussagen. Die dadurch bedingte Vielfalt läßt es nicht zu, von einem systematisch durchkomponierten, in sich einheitlichen Buch zu sprechen.

Die übliche Einteilung in Proto- (Jes 1–39), Deutero- (Jes 40–55) und Trito-Jesaja (Jes 56–66) hat sich zwar bewährt (vgl. die Beiträge von *Bauer* S. 56ff und *Helfmeyer* S. 74ff in diesem Buch), aber auch diese drei Bücher sind, je für sich genommen, keine in sich geschlossene Einheiten. Immer wieder lassen sich Zusätze und Erweiterungen ausmachen, die einen überaus langen und verwickelten Wachstumsprozeß erkennen lassen. Es wäre jedoch verhängnisvoll, würde man die verschiedenen redaktionellen Überarbeitungen und Erweiterungen theologisch abqualifizieren und als weniger bedeutsam erachten. Denn gerade an diesem hinzugefügten Textmaterial läßt sich erkennen,wie die Hl. Schrift in der Geschichte und unter Berücksichtigung der jeweiligen historischen Situation weitergewachsen ist, wie man zu späterer Zeit das alte Prophetenwort neu verstanden und es neu kommentiert weitergegeben hat. Hier wird beispielhaft das vorgegebene Gotteswort aktualisiert, es wird für eine neue Gegenwart als bedeutsam, drängend und verbindlich erwiesen. Spätere Propheten und Redaktoren verstehen ihre Situation im Licht des überlieferten Wortes, fügten ihre Einsichten und Ansichten dem Text ein, entreißen ihn so seiner Vergangenheit und lassen ihn zusammen mit dem Neuen zur gültigen Botschaft für die Gegenwart werden.

Wer die Katastrophe der Eroberung Jerusalems 587 v. Chr. und die sich anschließende Deportation nach Babylon selbst erfahren und überlebt hat, der mußte sich notgedrungen – wollte er an seinem Gott nicht irre werden – mit der Gerichtsbotschaft der vorexilischen Prophetie auseinandersetzen. Nur so konnte er im Glauben an das göttliche Wort und die Geschichtsmäßigkeit Jahwes innewerden, daß in diesem Geschick sich kein blindwütiges Schicksal oder die babylonischen Götter sich gegen Jahwe durchgesetzt hatten, sondern daß hier Jahwe selbst Gericht an seinem bundesbrüchigen Volk gehalten hat. Denn Jahwe hatte ja durch seine Propheten dieses Gericht ankündigen lassen für den Fall der Umkehrverweigerung. Wer es aber vorhersagen konnte, der ist es auch, der es durchgeführt hat und weiterhin die Geschichte gestalten wird (vgl. Jes 41,27; 44,6–8; 48,1–11).

Diese Rückschau in der Situation nach 587 auf das einst verkündete Prophetenwort führte geradezu selbstverständlich zu Zusätzen und Lesehilfen, führte auch dazu, daß man nach den eigentlich Schuldigen fragte und ihre Verantwortungslosigkeit bei der Führung des Gemeinwesens noch stärker herausstellte. (Vgl. dazu die exilische Bearbeitung der jesajanischen Weherufe in 5,9.10.13–17.24.)

Freilich haben sich die exilische und nachexilische Prophetie und Theologie nicht nur mit der Bewältigung der unguten Vergangenheit befaßt. Der Umstand, daß viele das Gericht überlebt hatten, hat immerhin die Hoffnung auf eine neue Zukunft zugelassen. Von dieser neuen Zukunft sprechen insbesondere Deuterojesaja und Ezechiel, aber auch viele Zusätze und ganze Kompositionseinheiten in Jes 1–39.

In diesem Bemühen, Hoffnung zu wecken, den Zweifelnden und Verzagten Mut zuzusprechen, die Zerstörung Jerusalems noch nicht als endgültiges Ende der Geschichte Gottes mit seinem Volk erscheinen zu lassen, findet die späte Prophetie zu einer wirklichen Eschatologie, die immer mehr entfaltet wird und auf die endgültige Gottesherrschaft auf dem Zion hindrängt. Und unter diesem Aspekt will das uns heute vorliegende Jesajabuch gelesen und verstanden werden. Gott wird auch die Völker richten, sein Volk befreien, sammeln und heimbringen. Die eingebrachten Gerichtsvorstellungen – sie können an nichteschatologische Gerichtsansagen Jesajas anküpfen – sind freilich nicht einheitlich. So werden z. B. in Jes 10,16–19.24–27 die Feinde Israels vernichtet, während in Jes 2,2–4 die einst feindlichen Völker zum Zion pilgern und sich dort von Jahwe unterweisen lassen. – Wird das angekündigte Gericht die Macht der fremden Völker brechen und zunichte machen, im universalen Weltgericht werden auch die Israeliten zur Rechenschaft gezogen. Offensichtlich hatten sich in der Gemeinde der Spätzeit erneut Mißstände eingeschlichen (vgl. dazu Jes 1,2–20; 10,3 f.22 f.).

Die Völkersprüche

In diesem Zusammenhang verdienen die Völkersprüche (Jes 13–23) besondere Beachtung, auch wenn diese Texte in der Exegese nicht selten vernachlässigt werden. Weithin wird angenommen, daß einem Teil dieser Sprüche jesajanisches Gut zugrundeliegt (so z. B. in Jes 14,24–27.28–32;

17,1–6; 18; 20; 22,1–14.15–19). Das dürfte kaum zu bestreiten sein. Der Gesamtkomposition Jes 13–23 wird man jedoch in ihrer Intention nur gerecht, wenn man sie als nachexilische Sammlung bestimmt und die formal zukunftsgerichteten Worte auf Vergangenes bezogen (als »vaticinia ex eventu«) versteht. Denn in dieser Spätzeit muß weder der Untergang des Nordreiches noch der von Assur oder Babel angesagt werden. Das alles sind schon historische Ereignisse, die man kennt. Am ehesten sind die Völkersprüche in der Weise zu verstehen, daß sie gleichsam einen Beweis für die Geschichtsmächtigkeit Jahwes darstellen, der alle Völker, die einst das Gottesvolk bedrängt und unterdrückt haben, dabei mitgeholfen oder die Katastrophen Israels bejubelt haben, zunichte werden ließ. Geht es in Jes 13–23 aber um den Erweis der Geschichtsmächtigkeit Jahwes, dann ist es durchaus sinnvoll, daß auch Jerusalem (Jes 22) miteinbezogen ist, denn 587 v. Chr. hat Jahwe auch dort seine Macht demonstriert.

Dieser Aufweis der Geschichtsmächtigkeit Jahwes an Hand überprüfbarer Beispiele hat letztlich zum Ziel: die Zukunftshoffnung der Kleingläubigen und Zweifelnden der Spätzeit neu zu entfachen und zu stärken. Weil Jahwe Babel und auch all die anderen in den Völkersprüchen angeführten Mächte schon gerichtet und ihren frevelhaften Übermut gedemütigt hat, weil ihm nichts und niemand auf Dauer widerstehen konnte, deshalb kann man ihm vertrauen und von ihm auch eine wunderbare Wende des gegenwärtigen Geschicks erwarten. Auch die derzeitige Weltmacht (Griechen?) kann vor ihm nicht bestehen. Die in Jes 13–23 prophetisch formulierten und damit anscheinend zukunftsgerichteten Völkersprüche sind in Wirklichkeit historische Erinnerungen, die die Basis für die Hoffnung auf eine von Gott geschenkte Zukunft bilden. Gegen alle Skepsis der Angesprochenen wird hier ein Zeichen der Hoffnung und des Gottvertrauens errichtet.

Die „Jesajaapokalypse“

Versteht man Jes 13–23 in dieser Weise, dann ist es nur konsequent, wenn in der Gesamtkomposition des Jesajabuches sogleich die sog. Jesaja-Apokalypse (24–27) (vgl. den Beitrag von *Eisenreich* S. 92ff in diesem Buch) folgt. Denn in ihr ist ja gerade die Rede von jenem Weltgericht, in der alles Sündige und Gottfeindliche zu Fall kommt, in dem sogar der Tod entmachtet wird (25,8; 26,19), und Jahwe seine allen sichtbare und erfahrbare Herrschaft auf dem Zion antritt. „Und der Herr der Heere wird König sein auf dem Berg Zion und in Jerusalem« (24,23).

Um den Hörern und Lesern der Apokalypse einen solchen Glauben zu ermöglichen, um sie zu ermutigen, schon jetzt in der herrschenden Trübsal auf diese Zukunft zu setzen, war es sehr wohl angebracht, Jes 24–27 einen historischen Rückblick voranzustellen, um eine entsprechende Basis für eine solche Hoffnung zu schaffen. Daß dies in der Form von vaticinia ex eventu geschehen ist, entspricht durchaus der eschatologischen Prophetie und Theologie der Spätzeit und leitet de facto schon die jüdische Apokalyptik ein.

Die Prophetie Jesajas

So wichtig es ist, sich mit dem Entstehungsprozeß des Jesajabuches wenigstens ansatzweise vertraut zu machen, so bewegt den Leser des Buches doch auch immer wieder die Frage, was denn Jesaja selbst im 8. Jahrhundert v. Chr. tatsächlich verkündet hat. Diese Frage hat die alttestamentliche Wissenschaft zwar seit Beginn der historisch-kritischen Forschung schon immer bewegt, aber man ist bis heute noch zu keiner einheitlichen Meinung gekommen. Das liegt keineswegs an der Unfähigkeit der Exegeten, sondern an der Kompliziertheit des überlieferten Textes. Dabei geht es vor allem um die Frage der Authentizität, also um die Frage, welche Texte Jesaja selbt zuzuschreiben sind und welche nicht.

Daß Jesaja Gericht angesagt hat, ist überhaupt nicht zu bezweifeln. Dafür genüge ein Hinweis auf das Weinberglied (Jes 5,1–7), die Weherufe (Jes 5,8.11.18.20–23) und das Kehrversgedicht (Jes 9,7–13.16b–20) sowie auf den Berufungsbericht mit seinem Verstockungsauftrag (Jes 6). Aber hat er nicht zugleich auch Heil, zumindest bedingtes Heil verkündet? Denn Jes 7,9b („Glaubet ihr nicht, so bleibet ihr nicht!") scheint doch zum Ausdruck zu bringen, daß die Daviddynastie und/oder das Volk dann fortbestehen werden, wenn sie auf Jahwe vertrauen.

In der derzeitigen Exegese nimmt man weithin an, Jesaja habe nicht nur Gericht verkündet und Verstockung bewirkt, sondern auch Heil angesagt. Stimmt diese Annahme, dann birgt die jesajanische Botschaft eine gewisse Ambivalenz.

Einerseits wird das Gericht angekündigt, andererseits eine heilvolle Zukunft. Einerseits findet sich schärfste Kritik an den gegenwärtigen Verhältnissen in Jerusalem und Juda, andererseits besteht durchaus eine Hoffnung auf eine neue, von Gott herbeigeführte Wirklichkeit. Diese offensichtliche theologische Ambivalenz wird in der neueren Forschung schließlich zu einer Grundkategorie jesajanischer Prophetie erhoben. Man rechnet ganz bewußt mit einer Paradoxie in den Sprüchen Jesajas, und findet sie denn auch in den Einzelaussagen bestätigt. Nur auf dem Hintergrund dieser Paradoxie kann z. B. der doppeldeutige Name des Jesajasohnes Schear-Jaschub (Ein Rest kehrt um, Jes 7,3) in seiner ganzen Tiefe erfaßt werden. Zwar kann dieser Name besagen, daß nur noch ein kümmerlicher Rest aus der Schlacht zurückkehren wird, zugleich impliziert dieser Name aber auch, daß sich ein Rest bekehren, zu Jahwe umkehren und Heil erlangen wird. Ganz ähnlich verhält es sich auch mit der Immanuel-Verheißung in Jes 7. Einerseits sagt sie denen das Gericht an, die nicht glauben (Jes 7,9b.16f), andererseits sagt sie denen Gottes heilvolle Gegenwart zu, die glauben, mit ihnen wird in der Geburt des Kindes Gott sein (Jes 7,9b.14).

Eine solche ambivalente Interpretation Jesajas beruht im wesentlichen auf der Annahme, daß die sog. Zionstexte (vgl. Jes 8,9; 14,24–27; 17,12–14; 29,1–8) auf Jesaja selbst zurückzuführen sind. Nach der Aussage dieser

Zionstexte läßt es Jahwe zwar zu, daß die heilige Stadt Jerusalem bedroht und belagert wird, mitunter scheint er selbst sogar auf der Seite der Angreifer zu stehen (Jes 29,1–8), deren er sich als Gerichtswerkzeuge an den Seinen bedient, aber im entscheidenden Augenblick, da alles schon verloren zu sein scheint, rettet er dann doch den Zion und alle, die dort wohnen. So richtet und rettet Jahwe in einem.

Die Eröffnung einer solchen Zukunft über das Gericht hinaus findet sich bei Jesaja auch dann, wenn man ihm die messianischen Verheißungen in Jes 9,1–6; 11,1–5 zuordnet und dann in Verbindung mit diesen Texten auch noch Jes 7,14 messianisch interpretiert. Obwohl oder gerade weil das davidische Königtum versagt hat und dem Gericht verfallen ist (vgl. Jes 7,9.16f), bekennt sich Jahwe doch zu den Seinen, indem er einen neuen Herrscher einsetzen wird, der Recht und Gerechtigkeit durchsetzen und einen endgültigen Heilszustand garantieren wird. Ist jetzt Jerusalem auch noch Stätte des Unrechts, so wird es doch geläutert und geht einer guten Zukunft entgegen (Jes 1,21–26).

Nimmt man dazuhin noch an, daß bei Jesaja echte Umkehrforderungen und damit auch eine wirkliche Umkehrmöglichkeit belegt sind, ja versteht man seine gesamte Verkündigung unter dem Motto ‚entweder Umkehr und Rettung oder Verweigerung und Untergang im göttlichen Strafgericht', dann ist die Ambivalenz in der Verkündung Jesajas durchaus verständlich. Sie wird schließlich noch bestätigt, wenn Jesaja nicht nur einen Rest ansagt, der lediglich das ungeheure Ausmaß der Vernichtung symbolisiert (Jes 6,11–13bα; 30,17), sondern der zugleich auch den Grundstein eines neuen Volkes bildet (Jes 4,2–6; 6,13bβ; 7,22 u.ö.).

Alles in allem ist ein solches Verständnis der Prophetie Jesajas schlüssig. Schließlich sagt auch Hosea im 8. Jahrhundert v. Chr. ganz dezidiert Gericht an, zugleich verheißt er aber auch mitten im Gericht die Rettung durch Jahwe (vgl. Hos 11).

In neuester Zeit mehren sich jedoch die Stimmen, die Jesaja als einen reinen Gerichtspropheten deklarieren, indem sie ihm sowohl die Zionstexte als auch die messianischen Verheißungen absprechen und diese der exilisch-nachexilischen Zeit zuweisen (vgl. den Beitrag von Werner S. 48ff in diesem Buch). Desgleichen wird auch die Umkehrforderung in Frage gestellt. Selbst wenn Jesaja das Volk noch zur Umkehr aufgefordert hätte, so habe Israel zu dieser Zeit doch bereits keine reale Umkehrchance mehr gehabt. Schließlich ist der Verstockungsauftrag des Berufungsberichts in seiner Aussage eindeutig. „Geh und sag diesem Volk: Hören sollt ihr, hören, aber nicht verstehen. Sehen sollt ihr, sehen, aber nicht erkennen. Verhärte das Herz dieses Volkes, verstopf ihm die Ohren, verkleb ihm die Augen, damit es mit seinen Augen nicht sieht und mit seinen Ohren nicht hört, damit sein Herz nicht zur Einsicht kommt und sich nicht bekehrt und nicht geheilt wird." (Jes 6,9f) Versteht man auch die Mahnworte Jesajas in der Weise, daß sie lediglich dem Schuldaufweis dienen (vgl. Jes 28,12; 30,15), dann besteht keinerlei Veranlassung, Jesaja anders denn als Künder des Gerichtes zu verstehen. Damit rückt er an die Seite des Gerichtspropheten Amos, der ebenfalls im 8. Jahrhundert v. Chr. tätig war.

Es versteht sich von selbst, daß im Rahmen dieser Überlegungen dem Verstockungsauftrag in Jes 6 und seiner Interpretation besondere Bedeutung zukommt (ausführlich hierzu der Beitrag von *Meyer* S. 32ff in diesem Buch). Dabei handelt es sich insbesondere um die Frage, ob der Verstockungsauftrag mit der tatsächlichen Verkündigung Jesajas zu vereinbaren ist oder nicht. So wie Jesaja weithin verstanden wird, scheint die in Jes 1–39 belegte Verkündigung zumindest nicht immer und ausschließlich Vollzug des Verstockungsauftrages gewesen zu sein. Deshalb verweist man ihn zumeist in die Spätzeit Jesajas, in der der Prophet resigniert auf sein Scheitern zurückschaue, in ihm dann aber den Willen Gottes, seinen Auftrag erkenne.

Freilich stellt sich auch hier wiederum das Problem der Authentizität der Texte. Zudem, wenn die absolute Gerichtsankündigung von Jes 5,1–7 (Weinberglied) schon in der Frühzeit jesajanischer Tätigkeit möglich ist, dann kann aus inhaltlichen Gründen der Verstockungsauftrag eben dieser Zeit nicht abgesprochen werden.

Der Leser dieser Einführung in das Buch Jesaja mag in gewisser Weise enttäuscht sein, weil er gerade in der Frage nach der Verkündigung Jesajas keine eindeutige Antwort erhalten hat, sondern nur über die beiden Hauptrichtungen des derzeitigen Jesajaverständnisses informiert wurde, und auch dies vereinfacht und schematisiert. Aber es schien mir der Sache dienlicher zu sein, Einblick in den tatsächlichen Forschungsstand zu geben, als nur einer Richtung das Wort zu reden. So kann dann der Leser auch eher mögliche Differenzen zwischen den einzelnen Beiträgen dieses Bibeljahrbuches einordnen und verstehen. Daß ich selbst dazu neige, Jesaja als reinen Gerichtspropheten zu interpretieren, möchte ich allerdings nicht verschweigen. Gerade deshalb habe ich das ambivalente Jesjaverständnis etwas ausführlicher behandelt, um auf diese Weise auch der Gegenseite in etwa gerecht zu werden.

Rudolf Kilian

Literatur zu Jesaja

Alfons Deissler, Dann wirst du Gott erkennen. Die Grundbotschaft der Propheten, Freiburg–Basel–Wien 1987.

Georg Fohrer, Das Buch Jesaja. 3 Bde. (Zürcher Bibelkommentar AT), Zürich 1960ff.

Ders., Erzähler und Propheten im Alten Testament. Geschichte der israelitischen und frühjüdischen Literatur, Heidelberg–Wiesbaden 1988.

Franz Josef Helfmeyer, Der Heilige Israels – dein Erlöser. Das Buch Jesaja (Stuttgarter Kleiner Kommentar AT Bd. 9/10), Stuttgart ²1984.

Otto Kaiser, Der Prophet Jesaja. Kapitel 1–39 (Das Alte Testament Deutsch Bd. 17 u. 18; 2 Bde.), Göttingen 1978ff.

(Forts. auf S. 30 in diesem Buch)

Reiche Ernte

Ein Feld
ein Garten
ein Baum
sind mir nicht
zu eigen.
Meine Hände
füllen nicht die Körbe
mit Früchten.
Doch meine Ernte
ist reich
weil Gott mir
die Augen schenkte.

Christa Peikert-Flaspöhler

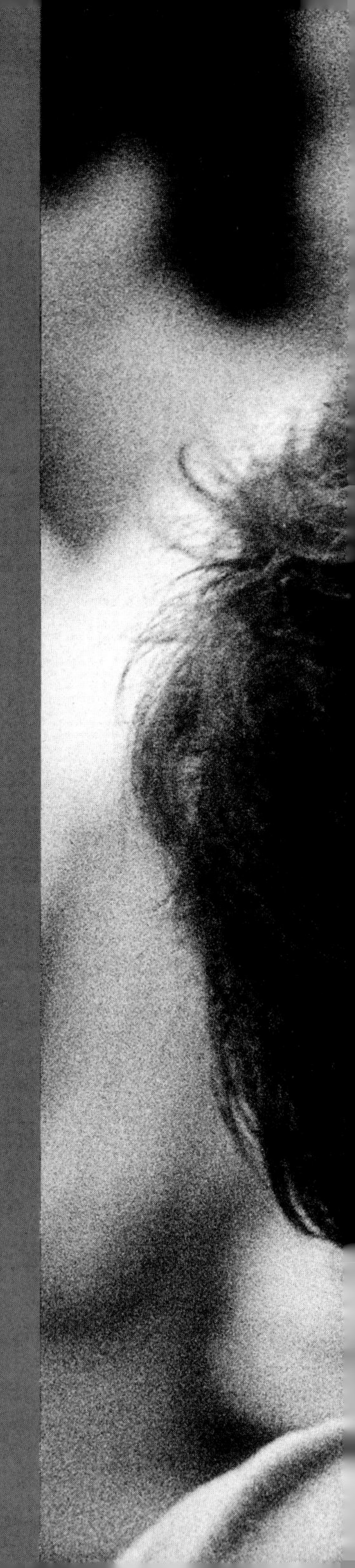

„Schwerter zu Pflugscharen“

Der Traum vom Frieden (Jesaja 2,1–5)

In der Ausgabe der STUTTGARTER NACHRICHTEN vom 11. 2. 1988 erschien folgende Notiz: „Friedrich Bär, Geschäftsführer des Liebherr-Werks in Ehingen, schoß in Moskau den Vogel ab: Am Rande der Rußland-Reise Lothar Späths und seiner Wirtschaftsdelegation erhielt (...) Liebherr den Auftrag, nach Inkrafttreten des Mittelstreckenvertrags zwischen den USA und der UdSSR die Lafetten der SS-20 zu mobilen Baukränen umzurüsten. Mancher in der Delegation des Stuttgarter Regierungschefs erinnerte sich an das Wort des Propheten Jesaja (...): Da werden sie ihre Schwerter zu Pflugscharen machen.“

Diese Notiz aus den STUTTGARTER NACHRICHTEN zeigt, daß die Aktualität und Faszination, die von Jes 2,4 ausgeht, bis in unsere Tage ungebrochen ist. Vor allem die Friedensbewegung hat sich die Aussagekraft des Slogans „Schwerter zu Pflugscharen“ zu eigen gemacht.

Dabei hat sich jedoch der Slogan mehr oder weniger verselbständigt. Der Text, aus dem diese Kurzformel gewachsen ist, kommt oft gar nicht mehr in den Blick.

So ist es Anliegen dieses Artikels, aufzuzeigen, daß nicht nur hinter dem Slogan „Schwerter zu Pflugscharen“, sondern hinter dem gesamten Text ein faszinierender Inhalt steckt.

Der Text

Bei meiner Übersetzung orientierte ich mich sehr nah am hebräischen Urtext. Von daher können gewisse Formulierungen etwas holprig klingen:

Jes 2,1: Das Wort:
dieses hat geschaut Jesaja, Sohn des Amoz, auf Juda und Jerusalem hin.

2: Und es wird geschehen in künftigen Tagen:
Ein Festseiender wird sein der Berg des Hauses Jahwes an der Spitze der Berge,
und ein Erhabener (wird er sein) über die Hügel,
und die Gesamtheit der Staaten wird zu ihm hin strömen.

3: Und viele Völker werden gehen,
und sie werden sprechen:
Auf!
Und laßt uns hinaufgehen zum Berg Jahwes, zum Haus des Gottes Jakobs.
Und er wird uns unterweisen von seinen Wegen.
Und lasst uns gehen auf seinen Wegen,
denn von Zion wird hinausgehen die Ordnung und das Wort Jahwes von Jerusalem.

4: Und er wird die Ordnung wiederherstellen zwischen den Staaten,
und er wird feststellen, was recht ist für die vielen Völker,
und sie werden ihre Schwerter zerschlagen für Pflugscharen und ihre Speere für Winzermesser.
Nicht wird erheben Volk gegen Volk das Schwert,
und nicht werden sie weiterhin Krieg lernen.

5: Haus Jakob!
Auf!
Und laßt uns gehen im Licht Jahwes!

Bemerkungen zum Text

Das Wort

Mit „Wort" („dabar") ist im Hebräischen nicht nur das „Wort" an sich gemeint, sondern das hebräische „dabar" kann auch mit „Sache, Angelegenheit, Vorfall, Begebenheit ..." übersetzt werden. So spricht Noomi zu ihrer Schwiegertochter Rut: „Warte ab, meine Tochter, bis du erfährst, wie die Sache (dabar) ausgeht ..." (Rut 3,18). Im folgenden geht es hier wohl um die „Sache" Jahwes, die Jesaja geschaut hat.

dieses hat geschaut Jesaja, Sohn des Amos, auf Juda und Jerusalem hin.

Das hebräische Verb, das ich hier mit „schauen" wiedergebe, wird vor allem dann gerne verwendet, wenn Menschen auf visionäre Art und Weise das Wirken Gottes in der Geschichte schauen. Reden Menschen miteinander, so werden Worte nicht geschaut, sondern gehört. Redet Gott mit Menschen, so geschieht das nicht einfach im Hören, sondern im visionären, mystischen Schauen der Sache Gottes.

Und es wird geschehen in künftigen Tagen:

Das hebräische Wort das ich hier mit „künftig" übersetze, kann sowohl „zu einer späteren Zeit" wie auch „am Ende der Zeit" heißen. Hier haben wir wohl eher ersteres anzunehmen. Da der Ausdruck „die Tage" nicht abstrakt die Zeit überhaupt meint, aber auch nicht sonstwie einen abgegrenzten Zeitraum (Weltzeit, gegenwärtige Weltperiode), sondern „die gegenwärtig laufende Zeit", geht es hier um die „künftigen Tage" und nicht um ein Ende der Zeit. Eine endzeitliche Bedeutung ist von daher hier nicht unbedingt anzunehmen. Jesajas Vision der Sache Gottes bezieht sich also auf ein zukünftiges Geschehen, jedoch nicht auf ein Geschehen, das unbedingt am Ende der Zeit liegen muß. Es liegt in der Zukunft. Jetzt ist es noch nicht da. Jesaja kann den Zeitpunkt nicht genau bestimmen, aber weiß und glaubt, daß dieses Geschehen, das er im folgenden schildert, in der Zukunft eintreten wird.

Ein Festseiender wird sein der Berg des Hauses Jahwes an der Spitze der Berge,

Kommt bei Jesaja der Ausdruck „Haus Jahwes" vor, so meint er immer den Tempel. In Jes 37,14 geht Hiskija zum Haus Jahwes hoch, um dort zu beten, da die Großmacht Assur gegen Jerusalem im Anzug ist. Für ihn ist der Tempel Ort der Gottesbegegnung. In Vers 2b geht es deshalb um den Tempelberg, um den hl. Berg, um Zion, der nach Jesaja Wohn- und Thronsitz des Herrn ist (Jes 8,18). In Sam 5,7 finden wir die älteste Lokalisierung des Namens Zion. Hier wird von der Jebusiter-Festung Zion geredet, die mit der Davidstadt gleichgesetzt wird. Diese lag am Südende des Osthügels von Jerusalem. Den Tempel errichtete Salomo im Norden der Festung Zion auf demselben Hügel, den man auch als Hügelzug bezeichnen kann.

Die Vorstellung, daß zum Tempel der Weltberg, die zentrale Stelle des Kosmos gehört, findet sich auch sonst im alten Orient und ist deshalb keineswegs spezifisch israelitisch. Das Haus Gottes muß nach orientalischen Vorstellungen auf einem so hohen Berg gelegen sein, weil es der Ort ist, an dem die irdische Welt sich mit der himmlischen berührt.

Nun heißt es aber hier, daß der Zion „an der Spitze der Berge" sei. „Weite Sichtbarkeit ist aber dem Tempelberge nicht eigen", wie der Jerusalemkenner Gustav Dalman schreibt. „Sein Höchstpunkt liegt mit 743,7 m Meereshöhe über 33 m tiefer als der westliche Stadthügel und der Höhepunkt der Osthöhe, etwa 66 m tiefer als der Ölberg. Nur im Süden liegt er etwas freier, aber auch da sperrt der 53 m höhere ras-el-mekkaber jeden Blick in die Ferne (...) Wenn Jesaja 2,2 und Micha 4,1 von der künftigen, alles andere überragenden Höhe des Berges des Hauses Jahwe reden, wird das auch keine dereinst eintretende Wandlung der natürlichen Gestalt des Tempelhügels bedeuten." Damit steht fest, daß es Jesaja keineswegs um die natürliche Größe des Zion geht, der beileibe nicht an die Anhöhen seiner Umgebung herankommt. Wir dürfen also hinter der Formulierung des Jesaja ein Bild vermuten. Fragen wir uns nach dem Sachgehalt dieses Bildes, so müssen uns zwei Dinge auffallen:

1. Das hebräische Wort „Spitze" meint häufig das höchste oder vorderste Exemplar einer Gruppe von Gegenständen. Gerade in dieser Funktion zeichnet es oft als Prädikat heilige Orte aus. Die Anwesenheit und Erscheinung von Gottheiten auf Bergspitzen machen diese zu Anbetungsstätten.

2. Jes 65,7 geht es darum, daß die Israeliten auf den Bergen Weihrauch verbrennen und Jahwe verhöhnen. Die Berge sind also nicht nur Anbetungsstätte für Jahwe, sondern auch für andere Götter.

 Wenn hier also Jesaja vom Berg Jahwes an der Spitze der Berge spricht, macht er dann damit eventuell eine Aussage über den Jahwe-Glauben in seinem Bezug zu anderen Religionen? Sagt er dann damit, daß der Glaube an Jahwe sich in künftigen Tagen als Heilswahrheit auch gegenüber anderen Religionen erweisen wird? Mir scheint diese Sicht der Dinge durchaus möglich, zumal es in der Folge ja um die fremden Völker geht, womit bei der starken religiösen Prägung der damaligen Kultur aber wohl auch deren Religionen in den Blick kommen. Zudem kommt das Thema der fremden Religionen bei Jesaja häufig zur Sprache.

Der Berg Jahwes, der Zion, so sagt Jesaja, wird in Zukunft ein „Festseiender“ sein. In der sprachlichen Gestaltung des Hebräischen kommt ein in der Zukunft dauernder Zustand zum Ausdruck. Der Berg Jahwes wird also mit Beständigkeit an der Spitze der Berge stehen. Das könnte bedeuten: Der Glaube an Jahwe wird sich in zukünftigen Tagen auf beständige Art und Weise als *die* Heilswahrheit der Menschen erweisen.

und ein Erhabener (wird er sein) über die Hügel,

Das „wird er sein“ von vorher wird hier nicht nochmal explizit geäußert, wohl aber gedacht. Zwischen „Hügeln“ und „Bergen“ besteht in unserem Text wie in vielen anderen hebräischen Texten kein Unterschied. Auch die Hügel kommen in Jes 65,7 als Kultstätten in den Blick.

und die Gesamtheit der Staaten wird zu ihm strömen.
Und viele Völker werden gehen,

Die zwei verschiedenen hebräischen Begriffe, die ich hier mit „Staaten“ und „Völker“ wiedergebe, werden in Jes 2,1–5 gleichbedeutend gebraucht und meinen beide wohl in erster Linie die fremden Völker, weniger Israel. Sie rufen Gottes Namen nicht an. Jer 16,19 ff.: „Herr, meine Kraft und meine Burg, meine Zuflucht am Tag der Not! Zu dir kommen Völker von den Enden der Erde und sagen: Nur Trug besaßen unsre Väter, Wahngebilde, die nichts nützen. Kann ein Mensch sich Götter machen? Das sind doch keine Götter. Darum seht, ich bringe sie zur Erkenntnis ...“

Diese Völker machen sich nun auf zum Berg Jahwes, um ihm und seiner Heilswahrheit dort zu begegnen.

und sie werden sprechen:
Auf!
Und laßt uns hinaufgehen zum Berg Jahwes, zum Haus des Gottes Jakobs.

Ich habe hier „Auf!“ übersetzt. Genauso wären Übersetzungen wie „Wohlan!“, „Kommt!“ möglich. Ist die Rede vom „Hinaufgehen“ zu einem Ort, an dem sich ein Heiligtum befindet, so ist wohl nicht allein die räumliche Vorstellung beherrschend, sondern auch der Gedanke an die Begegnung mit dem „in der Höhe“ wohnenden Gott. Von daher bekommt das Wort geradezu die technische Bedeutung „pilgern, wallfahren“. So „ging“ auch Hiskija zum Haus des Herrn „hinauf“, um im Gebet die Begegnung mit Jahwe zu suchen. (Jes 37,14) Die Völker ziehen also hinauf zum Zion, um dort dem Gott Israels zu begegnen.

Und er wird uns unterweisen von seinen Wegen.
Und laßt uns gehen auf seinen Wegen,
denn von Zion wird hinausgehen die Ordnung und das Wort Jahwes von Jerusalem.

Jahwe wird den Menschen über einen Teil seiner Wege unterweisen. Alle seine Wege kann der Mensch nicht begreifen, denn: „Meine Gedanken sind nicht eure Gedanken, und eure Wege sind nicht meine Wege – Spruch des Herrn. So hoch der Himmel über der Erde ist, so hoch erhaben sind meine Wege über eure Wege und meine Gedanken über eure Gedanken.« (Jes 55,8)

„Wege" sind hier natürlich bildlich gebraucht. Es geht um das Verhalten und Planen Gottes, das sich den Menschen zuwendet, ihnen jedoch überlegen, und deshalb im Ganzen nicht begreifbar ist.

Warum ist es nun nötig, sich auf den „Wegen Jahwes" zu bewegen? „Vom Zion wird hinausgehen die Ordnung und das Wort Jahwes". Genauso wie „Zion" und „Jerusalem" meinen hier auch „Ordnung" und „Wort Jahwes" das selbe. Die Ordnung, hebräisch „tora (h)", meint wohl den Gesamtwillen Jahwes in Bezug auf die Menschheit und ihr Verhalten.

„Die Erde welkt; sie verwelkt, die Welt zerfällt, sie verwelkt, Himmel und Erde zerfallen. Die Erde ist entweiht durch ihre Bewohner; denn sie haben die Weisungen übertreten, die Gesetze verletzt, den ewigen Bund gebrochen." (Jes 24,4f) Steht diese Erfahrung eventuell hinter Jes 2? Die Menschheit erweist sich als nicht fähig, die Ordnung Jahwes zu begreifen. Die Erde welkt. Sie ist heillos. Deshalb muß ihr Jahwe diese Ordnung vom Zion aus geben.

Im folgenden würde eine solche Deutung bestärkt:
Und er wird die Ordnung wiederherstellen zwischen den Staaten, und er wird feststellen, was recht ist für die vielen Völker,

„Die Ordnung wiederherstellen" meint hier ein Handeln, durch das die gestörte Ordnung einer Gemeinschaft wiederhergestellt wird. Zwischen den Beteiligten wird der Zustand des Schalom, das wohl Frieden und Heil zugleich meint, wiederhergestellt. Von ihrem Bedeutungsgehalt her meinen die beiden Sätze dasselbe. Was hat das aber für Folgen, wenn Jahwe seine Ordnung wiederherstellt? Wie sieht seine Ordnung aus? Darauf antwortet das folgende:
und sie werden ihre Schwerter zerschlagen für Pflugscharen und
ihre Speere für Winzermesser.
Nicht wird erheben Volk gegen Volk das Schwert,
und nicht werden sie weiterhin Krieg lernen.

Konkreter, als es hier Jesaja tut, kann man Frieden nicht beschreiben. Diese Worte des Propheten gehören für mich zu den beeindruckendsten der Hl. Schrift. Wer in unserer Gegenwartsliteratur verfolgt, wie abstrakt und unverständlich oft über Frieden geredet wird, dem wird Jesaja mit seinen klaren und eindeutigen Worten, die bis in unsere heutigen Tage ihre Kraft bewahrt haben, aus dem Herzen sprechen.

Das hebräische Wort, das meist mit „schmieden“ übersetzt wird, ist wohl eher durch „zerschlagen“ wiederzugeben. Doch ändert diese Tatsache kaum etwas am Bedeutungsinhalt. Viel wichtiger scheint mir, daß Jesaja hier von einem Vorgang spricht, den er schon im Resultat schaut. Er ist sich hier ganz sicher.

Bislang kamen hauptsächlich die fremden Völker in den Blick. Sie werden in künftigen Tagen erkennen, daß die Ordnung Jahwes das wahre Heil der Menschheit ist. Sie werden aus dieser Ordnung Konsequenzen ziehen und sich auf radikale Weise dem Frieden zuwenden. Was aber ist mit Israel? Letzteres wird nun im letzten Vers unseres Textes angesprochen:

Haus Jakob!
Auf!
Und laßt uns gehen im Licht Jahwes!

Ziehen wir zur Deutung dieses Verses Jes 51,4 heran, in dem uns viele Vokabeln wiederbegegnen, die uns in den letzten Versen begleitet haben: „Horcht her, ihr Völker, hört auf mich, ihr Nationen! Denn von mir kommt die Weisung, und mein Recht wird zum Licht der Völker.«

Das Licht ist das Heil, das aus der Ordnung Jahwes hervorgeht. Dieses Heil, diese Heilswahrheit ist es, die die Völker anzieht. Müssen wir nicht dann Vers 5 so interpretieren, daß Israel selbst sich diesem Licht zuwenden soll. Im Umfeld dieses Textes thematisiert Jesaja ja immer wieder den Unglauben, die Lichtlosigkeit in Israel: Weh dem sündigen Volk, der schuldbeladenen Nation, der Brut von Verbrechern, den verkommenen Söhnen! Sie haben den Herrn verlassen, den Heiligen Israels haben sie verschmäht und ihm den Rücken gekehrt. (Jes 1,4)

Häufig wird in der Exegese bzgl. Israels eine Vorbildfunktion gesehen, von der eine solche Faszination ausgeht, daß sie die anderen Völker anzieht. Das sagt der Text jedoch meiner Meinung nach nicht. Ganz im Gegenteil erscheint mir die Aussage des Textes eher zu sein: Selbst die fremden Völker, die bislang andere Religionen haben, werden Jahwe einst folgen, weil sie in ihm die Heilswahrheit erblicken werden. Deshalb folgt auch Ihr Jahwe endlich wieder! Laßt auch Ihr Euch endlich von dieser Heilswahrheit anziehen, die Euch doch eigentlich viel näher ist als den anderen Völkern. Schlußendlich darf festgestellt werden, daß der Text aus einer tiefen Hoffnung gesprochen ist: In künftigen Tagen wird es so sein. Gerade deshalb lohnt es sich schon jetzt, sich von diesem Licht anziehen zu lassen, diesem Licht zu folgen. So möchte ich mit den Worten schließen, mit denen G. Marcel 1964 seine Dankesrede für den ihm zuerkannten Friedenspreis des deutschen Buchhandels beendete:

„Ich hoffe auf dich, der du der lebendige Friede bist, für uns, die wir noch im Kampfe liegen mit uns selbst und gegeneinander, damit es uns eines Tages gewährt werde, in dich einzugehen und an deiner Fülle teilzuhaben. Und mit diesem Wunsch, mit diesem Gebet glaube ich diese Betrachtung schließen zu dürfen.“

Hans-Joachim Remmert

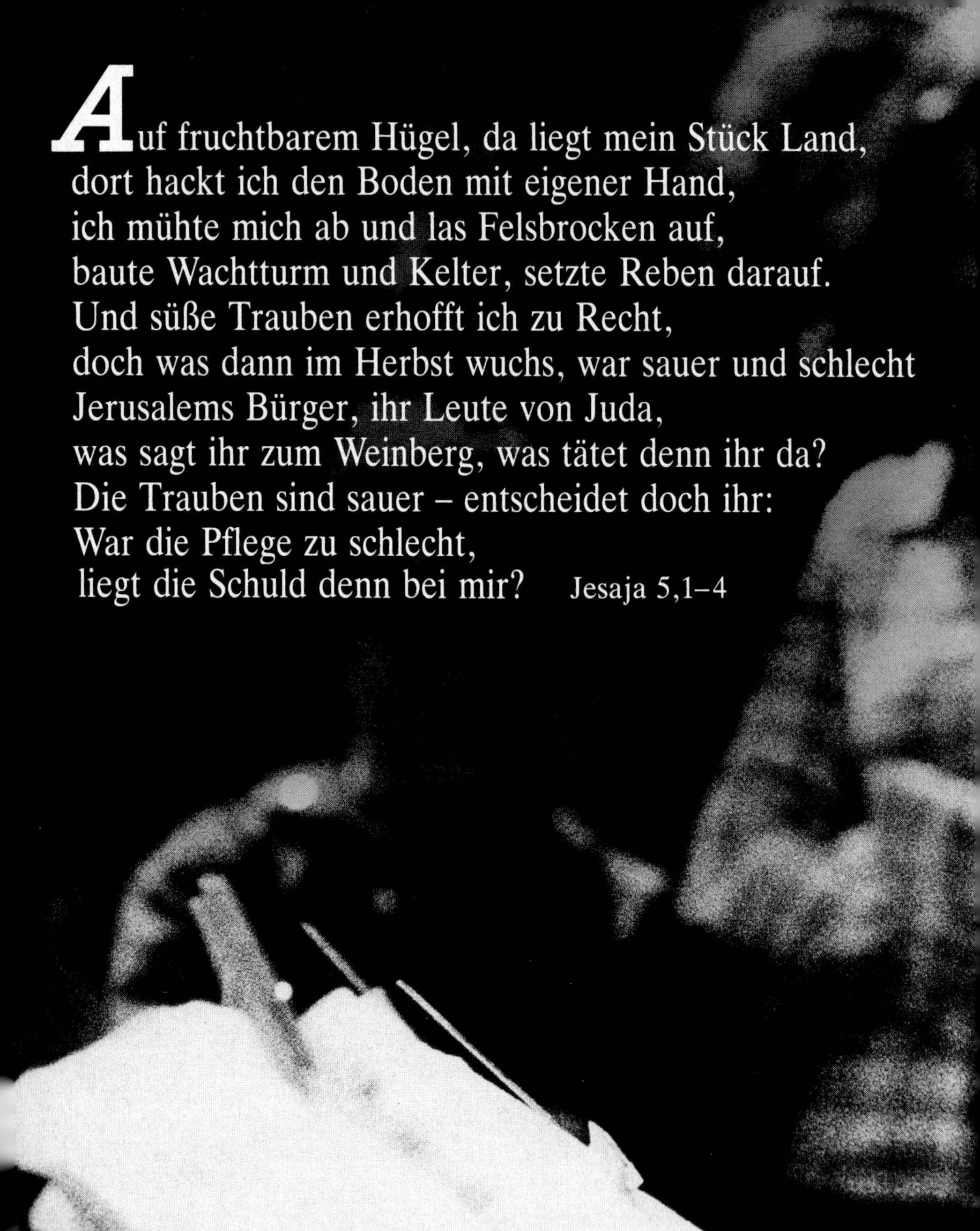

Auf fruchtbarem Hügel, da liegt mein Stück Land,
dort hackt ich den Boden mit eigener Hand,
ich mühte mich ab und las Felsbrocken auf,
baute Wachtturm und Kelter, setzte Reben darauf.
Und süße Trauben erhofft ich zu Recht,
doch was dann im Herbst wuchs, war sauer und schlecht
Jerusalems Bürger, ihr Leute von Juda,
was sagt ihr zum Weinberg, was tätet denn ihr da?
Die Trauben sind sauer – entscheidet doch ihr:
War die Pflege zu schlecht,
liegt die Schuld denn bei mir? Jesaja 5,1–4

Weinberglied und Weherufe

Die konkrete Gerichtsbotschaft Jesajas

Unterhaltungssendungen sind die beliebtesten Fernsehprogramme. Die Einschaltquoten von „Denver-Clan“ und „Schwarzwaldklinik“ belegen es. Auch Politiker plädieren für mehr Unterhaltung, sie möchten vielleicht die Menschen nach einem harten Arbeitstag schonen oder sie von Problemen ablenken.

Wer würde wohl einen Propheten unter den Unterhaltern vermuten? Im 5. Kapitel des Buches Jesaja scheint der Prophet eine solche Rolle zu übernehmen:

Jesaja tritt bei einem Weinlesefest auf. Seine Hörer erwarten Unterhaltung, wie dies bei solchen Anlässen der Fall ist. Der Prophet schlüpft in das Gewand eines Volksbelustigers. Er stimmt ein Liebeslied an, das zunächst die Gemüter des Publikums erheitert. In Bildern spricht er von der Liebe seines Freundes zu seiner Braut. „Ich will ein Lied singen von meinem geliebten Freund, ein Lied vom Weinberg meines Liebsten“ (V. 1a). Der Weinberg voller Üppigkeit und Schönheit ist in der orientalischen Dichtung ein geläufiges Bild für die Frau (vgl. Hld 2,15; 8,12).

Das Liebeswerben seines Freundes

Überschwenglich spricht Jesaja im Bild vom Weinberg vom Liebeswerben seines liebsten Freundes, der sich keine Mühe und Arbeit erspart, um die Frau seines Lebens zu gewinnen. Er hat alles nur Denkbare und Mögliche getan: Er legt den Weinberg auf den besten, fruchtbarsten Boden auf einer Anhöhe an, auf die die Sonne ihre lebensspendende Kraft und Energie wirkungsvoll ausstrahlt. Er setzt die Rebstöcke nicht einfachhin in die Erde ein, er bereitet vielmehr sorgfältig den Boden, macht ihn fruchtbar durch Umgraben und entfernt die herumliegenden Steine, die die Arbeit erschweren und das Gedeihen der Reben behindern. Hecken setzt der Freund und Mauern baut er zum Schutz gegen Tiere und Diebe. Ausgesuchte Edelreben pflanzt er an. Einen Turm sogar, nicht etwa eine armselige Hütte, baut er in der Mitte des Weinberges, um diesen besser überwachen und die Winzergeräte darin unterbringen zu können. Sogar eine Kelter schlägt er am felsigen Grund aus, um die frischen Trauben gleich zu keltern, damit ein köstlicher Wein gemacht werden kann (vgl. VV. 1b–2b).

Der enttäuschte Liebhaber

Nicht zum Ansehen, sondern um Frucht zu bringen, wird der Weinberg angebaut. Der Weinbergbesitzer hat alle Voraussetzungen geschaffen, um gute Trauben, um guten Wein zu bekommen. Der Freund des Propheten darf mit gutem Grund Liebeserwiderung von der Braut erwarten. Aber das trat nicht ein. Statt süßer Trauben brachte der Weinberg nur saure, schlechte, ungenießbare Trauben (vgl. V. 2c). Die Liebe des Freundes wird verschmäht, die Braut ist untreu geworden.

Ein Rechtsstreit

Bevor der Prophet den Entschluß des Weinbergbesitzers mitteilt, bezieht er seine Hörer mit ein. Sie werden direkt angesprochen, um ein Urteil zu sprechen. Das amüsante Liebeslied wandelt sich so im Nu in einen heiklen Rechtsstreit. Jesaja, der sich gekonnt einer dichterischen Sprache bedient, verändert kunstvoll die benutzte literarische Gattung. Was vorher eine Liebesgeschichte war, wird nun ein Streitfall, ein Rechtsfall. Die mühevolle Arbeit des Weingärtners, die Liebesmühe des Liebhabers wird zu einer Rechtsforderung. Das Nicht-Eintreten der Erwartung, das Tragen von schlechten anstatt guter Trauben, die Nicht-Erwiderung der Liebe wird nun Anklagepunkt. Das Schiedsgericht wird wie in einem ordentlichen Gerichtsverfahren aufgerufen: „Nun sprecht das Urteil, Jerusalems Bürger und ihr Männer von Juda, im Streit zwischen mir und dem Weinberg!“ (V. 3).

Der Kläger beteuert seine Unschuld, als ob er der Angeklagte wäre: „Was konnte ich noch für meinen Weinberg tun, das ich nicht für ihn tat?“ (V. 4a).

Der Anklagepunkt wird noch einmal erhoben: „Warum hoffte ich denn auf süße Trauben? Warum brachte er nur saure Beeren?“ (V. 4b).

Das Urteil wird feierlich eingeführt: „Jetzt aber will ich euch kundtun, was ich mit meinem Weinberg mache:“ (V. 5a).

Schließlich wird die Strafe angekündigt: „Ich entferne seine schützende Hecke; so wird er zu Weide. Seine Mauer reiße ich ein; dann wird er zertrampelt. Zu Ödland will ich ihn machen. Man soll seine Reben nicht schneiden und soll ihn nicht hacken; Dornen und Disteln werden dort wuchern. Ich verbiete den Wolken, ihm Regen zu spenden“ (VV. 5b–6).

Das Strafmaß fällt vernichtend aus. Was kann aus einem Weinberg werden, wenn die schützende Hecke und die Mauer zerstört werden, wenn der Weinberg nicht behackt, nicht beschnitten wird, wenn Dornen und Disteln ihn überwuchern, wenn kein Tropfen Regen darauf fällt? Er wird zu lebensunfähiger, toter Wüstenei, zum Gegenteil eines fruchtbaren, bepflanzten, „kultivierten“ Bodens.

Die Hörer, die dem Propheten bis zu diesem Punkt aufmerksam lauschten, konnten seine Erzählung immer noch im Sinne der Liebesgeschichte verstehen. Der bestrafte Weinberg wäre ein Bild für die hart bestrafte Geliebte, die verlassen, lebensunfähig wird und am Ende dem Tode verfällt.

Und diesem furchtbaren Ende würden die männlichen Hörer mit großem Beifall zustimmen.

Handelt es sich in unserem Lied nur um eine tragische Liebesgeschichte, die aus dem Blickwinkel des Mannes erzählt wird? Will der Prophet mit einer solchen Geschichte das tolle Treiben beim Weinfest nur ein wenig sauer machen wie ein Tropfen Wermuth den Wein?

Weder Belustigung noch Verspottung mit Hilfe einer Liebesgeschichte beabsichtigt hier der Prophet. In diesem Liebeslied, das zu einem Rechtsstreit wird, versucht er schrittweise seine Hörer, die verantwortlichen Bürger von Stadt und Land, an seine Botschaft heranzuführen, bis er dann im Schlußteil den Sinn dieser Liebesgeschichte und dieses Rechtsstreites offenlegt.

Vor dieser Offenlegung bereitet er seine Hörer behutsam mit Hinweisen vor. Die Tatsache, daß im Lied der Kläger selber als Richter und Vollstrecker der Strafen auftritt und daß er Macht hat über die Wolken, daß kein Regen fällt, kann die Hörer hellhörig machen. Diese Bilder gehen über den Rahmen eines Bildes für menschliche Liebesbeziehung hinaus. Ist bis jetzt der Prophet als Brautführer seines Freundes aufgetreten und damit als Mund seines Freundes, so tritt nun wie in einem Szenenwechsel der Weinbergbesitzer selbst auf: Er selber fordert die Richter zum Urteilen auf, er selber klagt an, er verkündet das Urteil und er selber will die Strafen ausführen.

Das Schicksal Israels

Im Schlußteil des Liedes wird der Prophet überdeutlich, er läßt die spielerische Maske fallen: Die undankbare und schnöde Braut, das ist Israel und Juda. Die Geschichte vom enttäuschten Weinbergbesitzer ist die Geschichte Jahwes mit seinem Volk: „Ja, der Weinberg des Herrn der Heere ist das Haus Israel, und die Männer von Juda sind die Reben, die er zu seiner Freude gepflanzt hat" (V. 7a).

Das Schicksal des Weinberges, der zu Ödland wird, gilt dem Volk Israel.

Der Prophet bringt am Schluß prägnant den Anklagepunkt in einem Wortspiel, das im hebräischen Urtext gut vernehmbar ist: „Er hoffte auf *mischpat* (Recht) und siehe *mischpah* (Rechtsbruch), auf *sedaka* (Gerechtigkeit) und siehe *se'aqa* (Geschrei um Hilfe)" (V. 7b).

Auf diese Forderung und diese Anklage kommt es Jesaja an, nicht so sehr auf die Beschreibung des Gerichtes, von dem nur im Gleichnisteil in Bildern die Rede ist.

Die gesellschaftliche Wirklichkeit als Bewährungsfeld des Glaubens

Nicht nur Amos, der im Nordreich Israel als Prophet aufgetreten ist, sondern auch Jesaja, sein jüngerer Zeitgenosse im Südreich Juda, ist mit aller Schärfe gegen sozial-politische Mißstände, gegen Ungerechtigkeit und Unterdrückung zu Felde gezogen.

Der am Schluß unseres Liedes pauschal erhobene Vorwurf, der zwei wichtige Bereiche des Gemeinschaftslebens – Recht und Gerechtigkeit – betrifft, wird in den an das Lied angeschlossenen Weherufen konkretisiert: „Weh euch, die ihr Haus an Haus reiht und Feld an Feld fügt, bis kein Platz mehr da ist und ihr allein im Land ansässig seid" (V. 8). Gemeint ist hier die wirtschaftliche Expansion der Großgrundbesitzer, die wirtschaftlich schwächere Kleinbauern rücksichtslos in die Verschuldung, Schuldsklaverei, Abhängigkeit und schließlich von ihrer Scholle treiben, um damit ihren Landbesitz ständig zu erweitern.

Der Mißbrauch des Rechtswesens wird Jes 5,20.23 scharf kritisiert: „Weh denen, die das Böse gut und das Gute böse nennen, die die Finsternis zum Licht und das Licht zur Finsternis machen, die das Bittere süß und das Süße bitter machen ... Die den Schuldigen für Bestechungsgeld freisprechen, und dem Gerechten sein Recht vorenthalten". Gemeint ist an dieser Stelle die Verkehrung des gesellschaftlichen Wertsystems, insbesondere der Normen von Schuld und Unschuld vor Gericht. Die Rechtsprechung, die die Sicherung dieser Normen eigentlich garantieren müßte, wird umfunktioniert: Der eigentlich Schuldige wird freigesprochen, der eigentlich Unschuldige wird verurteilt.

Gegen das Recht des Stärkeren und Mächtigen und gegen die Festschreibung des Elends wendet sich Jesaja mit harten Worten: „Weh denen, die unheilvolle Gesetze erlassen und unerträgliche Vorschriften machen, um die Schwachen vom Gericht fernzuhalten und den Armen meines Volkes ihr Recht zu rauben, um die Witwen auszubeuten und die Waisen auszuplündern" (Jes 10,1 f). Der Prophet deckt hier eine ungerechte Rechtsentwicklung auf, die die wirtschaftlich schwachen Bevölkerungsschichten ins Elend stürzt. Durch die an neuen wirtschaftlichen Entwicklungen und Faktoren orientierte Novellierung von Gesetzen wird die Rechtsprechung zum Herrschaftsinstrument der Oberschicht. Eine solche Gesetzgebung, die nicht mehr die fundamentalen Lebensrechte der gesellschaftlichen Randgruppen schützt, ist für Jesaja Unrecht, Rechtsbeugung, wie legal diese Gesetze auch zustandekommen sein mögen.

Recht und Gerechtigkeit sind für Jesaja wichtige Prinzipien, die das menschliche Zusammenleben regeln: „Als Senkblei nehme ich das Recht und als Wasserwaage die Gerechtigkeit" (Jes 28,17).

Auf diesem gesellschaftlichen Hintergrund ist das Weinberglied (Jes 5,1–7) zu lesen. Es zeigt deutlich, daß die biblische Religion keine Trennung zwischen sakralem und profanem Bereich, zwischen Religion und Alltag kennt. Die damaligen Wirtschafts- und Rechtsprobleme stehen für Jesaja in einem größeren theologischen Zusammenhang: Im Zusammenhang der Geschichte Gottes mit seinem Volk. Der liebenden Zuwendung Jahwes, die Israel im Verlauf seiner Geschichte erfahren hat, sollte eigentlich von seiten Israels die Verwirklichung von Recht und Gerechtigkeit entsprechen. Dies wäre die dem Verhältnis Jahwes mit seinem Volk entsprechende Antwort.

Ankündigung von Gericht als Umkehrpredigt

Die Ankündigung des Gerichts geschieht nur im Bildteil des Liedes, ist aber nicht sein eigentliches Ziel.

Das Weinberglied zeichnet nicht das Bild eines Gottes als eines enttäuschten Liebhabers, der aus Enttäuschung und Wut an seiner Braut Rache übt. Das Lied will keine Psychologie Gottes betreiben oder die inneren Beweggründe seines Handelns beleuchten. Es ist auch keine theoretische Spekulation über das richtige Verhältnis von Liebe und Gerechtigkeit im Wesen Gottes.

Unser Lied zeigt allerdings, daß das Gericht Gottes, die Vernichtung der Existenzgrundlage, die mit Bildern der Zerstörung und Preisgabe des Weinbergs ausgedrückt wird, die Konsequenz, die Folge des lebenswidrigen Handelns des Menschen und somit eine Selbstzerstörung ist.

Das Weinberglied ist formal gesehen eine Anklage gegen „das Haus Israel und die Männer von Juda" (vgl. V. 7). Hinter der Anklage, die scheinbar kompromißlos göttliches Gericht in Aussicht stellt, verbirgt sich der leidenschaftliche Kampf des Propheten Jesaja um die Umkehr seines Volkes. Prophetische Anklage zielt auf Sinnesänderung des Volkes Gottes. „Das Volk ist schuldig, es ist von Jahwe, dem Kläger, in Treue und Sorgfalt gehegt worden, hat aber Rechtsbruch begangen, im Bild gesprochen: nur Herlinge statt Qualitätstrauben gebracht. Niemand soll sich wundern, wenn Jahwe, der Weinbergbesitzer, jetzt das Land der Zerstörung anheimgibt. Hinter dieser kompromißlosen Härte verbirgt sich trotz allem die Mahnung, angesichts der drohenden Vernichtung doch noch in sich zu gehen und zu bedenken, wie die Antwort auf Gottes Fürsorge lauten müßte" (H. Wildberger).

Juan Peter Miranda

Literatur zu Jesaja (Forts. v. S. 15)

Rudolf Kilian, Jesaja 1–12 (Neue Echter Bibel), Würzburg 1986.

Klaus Koch, Die Profeten I. Assyrische Zeit (Urban-Tb 280), Stuttgart–Berlin–Köln–Mainz 1978.

Gerhard von Rad, Theologie des Alten Testaments II. Die Theologie der prophetischen Überlieferungen Israels, München [4]1965.

Franz Josef Stendebach, Rufer wider den Strom. Sachbuch zu den Propheten Israels, Stuttgart 1985.

Hans Wildberger, Jesaja 1–39 (Biblischer Kommentar Altes Testament Bd. X/1–3; 3 Bde.), Neukirchen-Vluyn 1972ff.

Ders., Königsherrschaft Gottes. Jesaja 1–39. Teil 1 u. 2 (Kleine Biblische Bibliothek), Neukirchen-Vluyn 1984.

(Bitte beachten Sie ergänzend auch die Literaturangaben zu Deutero- und Tritojesaja auf den Seiten 54 u. 81 in diesem Buch.)

Weh denen,
die sich ein Haus nach dem andern hinstellen
und ein Feld nach dem andern kaufen,
bis kein Grundstück mehr übrig ist
und sie das ganze Land besitzen!
Jesaja 5,8

Berufung und Verstockung

Eine Auslegung von Jesaja 6,1–11

Die beiden Stichworte ‚Berufung' und ‚Verstockung' lenken die Aufmerksamkeit des Lesers von Jesaja 6 in bestimmte Bahnen. Sie stammen nicht aus dem Text selbst (das Hebräische kennt gar keine entsprechenden Vokabeln), sondern aus dem Wörterbuch der Ausleger. Man tut gut daran, sich dies vor Augen zu halten, denn gerade angesichts eines sehr fremd anmutenden Buches sind Leser womöglich versucht, mit allzu großer Zuversicht dem Fachmann zu vertrauen und sich mit geschlossenen Augen durch Klüfte und Schründe des Textes führen zu lassen. Im Sinn einer Verfremdung und als Anreiz zu einem eigenen, frischen Blick, sei das Kapitel darum zunächst mit anderen Worten charakterisiert: Jesaja berichtet von einer Audienz bei Jahwe; er bewirbt sich um einen Agentenauftrag; dieser besteht in einer Desinformation des Volkes mit katastrophalen Folgen. Zu Audienz, Bewerbung und Auftrag seien nachstehend Hinweise aufgeführt, welche die Ausleger vom Dienst anzubieten haben.

Wer sich in die einschlägige Fachliteratur vertieft, wird feststellen: Seit man systematisch-kritisch angefangen hat, die Propheten nicht mehr unter dem engen Blickwinkel der Vorausverkündigung des Messias zu lesen, sondern sie als eigenständige historische Gestalten zu verstehen, hat sich der hauptsächliche Interessenschwerpunkt mehrfach verschoben. Wollte man zunächst die *Individuen* als Persönlichkeiten mit religiös-sittlicher Botschaft herausarbeiten, wandte man sich später stärker dem prophetischen *‚Amt'*, schließlich aber vor allem dem prophetischen *Buch* zu. Entsprechend las man Jes 6 mit den Fragen: Läßt sich hier die persönliche religiöse Grunderfahrung des Jesaja erkennen (– die ‚Heiligkeit Jahwes')? Spiegelt sich in der Szene die Amtseinsetzung eines Propheten (– ein liturgischer Akt im Tempel)? Gehört ein Berufungstext in erster Linie zu einem prophetischen Buch (– als Legitimation)? Alle drei Fragestellungen stoßen an Grenzen:

Die historische Frage nach der Person

Jesaja läßt sehr wenig über sich selbst verlauten. Vor Jes 6 erscheint ein prophetisches Ich nur gerade in der Selbstaufforderung, der Prophet wolle ein Liebeslied singen (5,1); danach begegnen gelegentliche Hinweise, Gott habe zu ihm geredet (8,5.11 ...), ihm befohlen, etwas aufzuschreiben (8,1; 30,8). Wir erfahren von Dritten, er sei von Gott zu Auftritten vor dem König, vor Beamten und vor dem Volk beauftragt worden (7,3 ff; 20,1–6; 22,15–19). Einen Spruch datiert Jesaja selbst auf den Zeitpunkt, „als seine Hand mich packte und er mich davon abhielt, auf dem Weg dieses Volkes zu gehen" (8,11). Wir wissen, daß er eine Prophetin zur Frau und Kinder mit zeichenhaften Namen sowie Jünger hatte (7,3; 8,3.16.18); wir sehen ihn einst in einer Szene, wie er von Priestern und Propheten verhöhnt wird (28,7–14). Die Herausgeber des Buches datieren sein prophetisches Wirken in die Zeit der judäischen Könige Usija, Jotam, Ahas und Hiskija und teilen uns den Namen seines Vaters Amoz mit. Der ‚geschichtliche' Anhang des Buches (36–39) besteht aus Legenden. Bei dieser Quellenlage ist äußerste Zurückhaltung bei biographischen oder gar psychologischen Aussagen angezeigt.

Das prophetische ‚Amt'

Was die ‚Amtseinsetzung eines Propheten' anbelangt, so scheint zwar Jes 6 am Jerusalemer Tempel (dem ‚Palast' 6,1, bzw. dem ‚Haus' 6,4) mit seinen Türschwellen und -pfosten (6,4), seinem Räucheraltar mit Kohlenzangen (6,6) zu spielen; vielleicht ist der Dreimal-Heilig-Ruf ein traditioneller liturgischer Gesang und die Reinigung und Entsühung mag an einen quasi-sakramentalen Akt erinnern. Aber der ‚hohe und erhabene Thron' (6,1), die Gestalt des Herrn, deren äußerste Ränder den Tempel füllen, die Serafim (6,2.6), und erst recht der seltsame Auftrag sprengen jeden Rahmen geläufiger Gottesdienste. Die Frage Jesajas „wie lange, Herr?" (6,11) hat gewiß in typischen Rufen von Klagepsalmen wörtliche Parallelen, ist damit aber noch lange nicht exklusive Liturgiesprache. Ein Ritual der ‚Prophetenweihe' scheint nicht rekonstruierbar.

Der Ort des Textes im Buch

Was ergibt schließlich die Frage nach dem Ort von Jes 6 im prophetischen Buch? Von den beiden anderen großen biblischen prophetischen Schriften (Jeremia und Ezechiel) her möchte man ein Visions- und Beauftragungskapitel am ehesten zu Beginn nach der Überschrift erwarten. Andererseits stehen beim ältesten Zeitgenossen Amos vergleichbare Visionsschilderungen in den Kapiteln 7–9, vermutlich am ursprünglichen Buchschluß, und in der – allerdings wohl jüngeren – Prophetenerzählung von 1 Kön 22 erhält der bereits als Prophet bekannte Micha ben Jimla seinen speziellen Verkündigungsauftrag in einer mit Jes 6 offensichtlich engst verwandten Szene (1 Kön 22,17–23). Frühere Ausleger haben darum erwogen, Jesaja habe die Ereignisse aus „dem Todesjahr des Königs Usija" (6,1) erst später erzählt und in sein Buch eingefügt, um sein Auftreten und die Drastik seiner Verkündigungen in Kap 1–5 nachträglich zu legitimieren. Zwei Einsichten haben sich aber in den letzten Jahrzehnten erhärtet: Jesaja hat zwar nach 8,1 und 30,8 Tafeln mit Inschriften beschrieben, seine Botschaft insgesamt aber wohl nicht eigenhändig schriftlich niedergelegt, sondern sie „in seinen Jüngern wie mit einem Siegel verschlossen" (8,16), und das heißt eher: mündlich anvertraut. Zudem ist deutlich geworden, daß das heutige Buch überhaupt nicht als Werk eines einzelnen Autors, sondern als Ergebnis eines überaus langfristigen Wachstumsprozesses gelesen werden muß. Das macht uns Heutigen mit ganz anderen Schreib- und Lesegewohnheiten die Lektüre mühsam.

Eine Lesehilfe

Die Anstrengung lohnt sich; zunächst einmal, weil vor uns das biblische Bild der anhaltenden lebendigen Auseinandersetzung, der Weitergabe und der kritischen Veränderung sichtbar wird; zum andern zwingt uns der Text, nicht einfach an Fragen hängenzubleiben, die *wir* für wichtig halten, sondern jene Fragen zu entdecken, die er beantworten kann und will. Jes 6 versteht man am ehesten, wenn man erst einmal die Verse 1–11 als eine geschlossene Einheit liest. V 12f mit dem unvermittelten Übergang zu Aussagen *über* Jahwe in dritter Person (obwohl doch ab V 9 er selbst redet!) ist offenbar das Zeugnis eines Lesers, der die Zerstörung und Verschleppung der Jerusalemer und Judäer durch die Babylonier 150 Jahre später als Erfüllung der alten Drohung sieht. Schließlich hat noch später ein anderer in souveräner biblischer Freiheit die trostlose Perspektive radikal umgedeutet und das Katastrophenbild eines vollständig und bis auf den Stumpf zerschlagenen Baumes zum Aufhänger einer Hoffnungsmetapher gemacht: „Ihr Stumpf ist ein heiliger Same" (vgl. Ijob 14,7ff).

Der Text

Im Todesjahr des Königs Usija sah ich den Herrn. Er saß auf einem hohen und erhabenen Thron. Der Saum seines Gewandes füllte den Tempel aus. Serafim standen über ihm. Jeder hatte sechs Flügel: Mit zwei Flügeln bedeckten sie ihr Gesicht, mit zwei bedeckten sie ihre Füße, und mit zwei flogen sie. Sie riefen einander zu: Heilig, heilig, heilig ist der Herr der Heere. Von seiner Herrlichkeit ist die ganze Erde erfüllt. Die Türschwellen bebten bei ihrem lauten Ruf, und der Tempel füllte sich mit Rauch.

Die Audienzszene (6,1–4) wird ins Todesjahr Usijas (739? v. Chr.) datiert. In Aussatz erkrankt hat dieser König während eines Teils seiner rund 50jährigen Herrschaft seinem Sohn Jotam die Regierungsgeschäfte überlassen müssen (2 Kön 15,1–7). Mit Usija ging für Juda eine Zeit außenpolitischer und wirtschaftlicher Stabilität zu Ende, denn um 745 bestieg mit Tiglat-Pileser III. ein vierter Sohn Adad-niraris III. den Thron in Nimrud und beendete eine Periode assyrischer Schwäche. Er gründete ein stehendes Heer und betrieb mit System jene martialische Großreichspolitik, die schließlich für etwa 4,5 Millionen Menschen Deportation bedeuten sollte.

Was Jesaja als sein Widerfahrnis darstellt, betäubt seine sämtlichen Sinne: ein Anblick von überwältigender Größe, ein donnernder Gesang, ein Erdbeben, das die Türschwellen vibrieren läßt und eine Rauchwolke, die alles umhüllt. Trotzdem werden präzise optische und akustische Wahrnehmungen referiert: Der offenbar in menschlicher Gestalt als König thronende Herr, der Wechselgesang des „Heilig, heilig, heilig". Allerdings werden die realistischen Eindrücke überstiegen: Schon die äußersten Ränder des Gewandes füllen den Tempel aus, der hohe und erhabene Thron muß seine Grenzen vollends sprengen. Dennoch sind noch darüber eigentümliche Gestalten sichtbar: Serafim. Sie *stehen*, scheinen also Füße zu haben, ebenso Hände (V. 6), vor allem aber 6 Flügel. Christliche Theologie hat sie in die Hierarchien der Engelchöre eingereiht; Ausleger des letzten Jahrhunderts haben in ihnen ‚uralt semitische', himmlische Wesen sehen wollen, Personifikationen des Blitzes oder Erscheinungsformen der nach 1 Kön 6,23 ff im Tempel zu erwartenden Kerubim. (Othmar Keel hat plausibel gemacht, daß es sich bei den Serafim vielmehr um Schlangengestalten handeln muß. Ägypten hat die Kobra, deren Gift schon bei Berührung und nicht erst beim Biß ätzend brennt [darum wohl der Same *Saraf*] und der man aufgrund ihres behenden Kletterns auf Bäume die Kunst des Fliegens angedichtet haben mag, als Uräus mit Unheil abwehrender Wirkung auf Kronen von Königinnen und Königen und auf Friesen von Thronkiosken dargestellt. Sie wurde gelegentlich ausgestattet mit Händen und Füßen, vor allem aber mit Flügeln, die sie schützend z. B. um Götterhäupter oder um den Lebensbaum ausbreiteten. Eine vierflügelige Variante scheint sich auf Kleinbildträgern [Siegeln] gerade im Judäa des ausgehenden 8. Jhdts. v. Chr. besonderer Beliebtheit erfreut zu haben).

Man wird auf diesem Hintergrund deuten dürfen: ‚Brandschlangen', nach dem Volksglauben im Biotop bedrohlicher Wüstenbewohner angesiedelt (vgl. Dtn 8,15; Num 21,6) und mit Horror-steigernden Flügeln ausgestattet („fliegende Schlangen" übersetzt die Einheitsübersetzung in Jes 30,6) werden einerseits zur Bedrohungsmetapher für einen künftigen, gewaltigen Herrscher im Gerichtswort gegen die Philister (Jes 14,29, in der Einheitsübersetzung: „fliegender Drache") stilisiert. Andererseits werden diese Serafim domestiziert als gewaltige Schutz- und Heilungssymbole (vgl. Num 21, 4–9) von den Zeitgenossen besonders geschätzt, von Jesaja mit zusätzlichem Flügelpaar noch potenziert dem erscheinenden Herrn beigesellt; zugleich aber wird ihnen hier jede selbständige Macht genommen: mit den ausgebreiteten Flügeln müssen sie sich selbst von Kopf (vgl. Ex 3,6) bis Fuß vor Gott schützen, und so bleibt ihnen nur noch die Akklamation der Herrlichkeit und Heiligkeit des einen Jahwe.

Die eigentümlich schillernde, realistisch-symbolische Darstellung setzt sich fort in der Erschütterung der Türschwellen (oder -pfosten), jenes Bereichs höchster Gefährdung für Hinein- und Heraustretende. (Aaron, bzw. der Hohepriester des zweiten Tempels muß einen ‚Efodmantel' mit Unheil abwehrenden Glöckchen tragen, sonst würde er das Überschreiten nicht überleben: Ex 28,31–35; vgl. 1 Sam 5,5). Beben und Rauch gehören zu den Begleitphänomenen einer Gotteserscheinung (Ex 19,18, Ri 5,4; Ps 104,32). Konventionelle und ungewohnte Elemente mischen sich. Die irdische Szene wird zur himmlischen Ratsversammlung (vgl. 1 Kön 22,19; Ijob 1,6–12; 2,1–6; Jer 23,18.22).

Da sagte ich: Weh mir, ich bin verloren. Denn ich bin ein Mann mit unreinen Lippen und lebe mitten in einem Volk mit unreinen Lippen, und meine Augen haben den König, den Herrn der Heere, gesehen. Da flog einer der Serafim zu mir; er trug in seiner Hand eine glühende Kohle, die er mit einer Zange vom Altar genommen hatte. Er berührte damit meinen Mund und sagte: Das hier hat deine Lippen berührt: Deine Schuld ist getilgt, deine Sünde gesühnt.

Wo Jesaja genau steht, wird nicht deutlich; auf jeden Fall aber ist er in das Geschehen aufs Gefährlichste einbezogen und kann nur durch einen Reinigungsakt gerettet werden. Man kann sich fragen, ob hinter seiner Schreckensreaktion die grundsätzliche theologisch-anthropologische Reflexion steht, kein Mensch könne Gott sehen und am Leben bleiben (Ex 33,20; Ri 13,22; Dtn 6,24 gilt schon das Hören seiner Stimme als lebensgefährlich, weshalb das Volk Mose um Vermittlung bittet), oder ob Jesaja hier als ‚Unreiner' von der erfahrenen unerhörten Wucht der Heiligkeit dessen redet, „dessen Augen viel zu rein sind, um Böses mitanzusehen" (Hab 1,13), und die (wohl Spätere) ausrufen läßt: „Verkriech dich im Felsen, verbirg dich im Staub vor dem Schrecken des Herrn, vor seiner strahlenden Pracht" (Jes 2,10) und die in „Gericht" und „Gerechtigkeit" den Erweis seiner Heiligkeit sieht (5,16). Tempeltheologische Reflexion von der Art von Ps 15 mag schließlich zur Formulierung von sechs Bedingungen geführt haben, unter denen einer „es aushält neben dem verzehrenden Feuer . . . der ewigen Glut" (33,14 f). Erst einem Ausleger wie jenem, welcher die radikale Umdeutung am Ende unseres Kapitels vornimmt, wird man die Verheißung zutrauen: „Deine Augen werden den König in seiner Schönheit erblicken, sie sehen ein weites Land" (33, 17).

Danach hörte ich die Stimme des Herrn, der sagte: Wen soll ich senden? Wer wird für uns gehen? Ich antwortete: Hier bin ich, sende mich! Da sagte er:
Geh und sag diesem Volk:
Hören sollt ihr, hören, aber nicht verstehen.
Sehen sollt ihr, sehen, aber nicht erkennen.
Verhärte das Herz dieses Volkes,
verstopf ihm die Ohren,
verkleb ihm die Augen,
damit es mit seinen Augen nicht sieht
und mit seinen Ohren nicht hört,
damit sein Herz nicht zur Einsicht kommt

und sich nicht bekehrt und nicht geheilt wird.
Ich fragte: Wie lange, Herr?
Er antwortete:
Bis die Städte verödet sind und unbewohnt,
die Häuser menschenleer,
bis das Ackerland zur Wüste geworden ist.

Nachdem Jesaja sich für einen Sendungsauftrag angeboten hat (V. 8), wird die Botschaft formuliert (V. 9 f) und auf eine Rückfrage hin ‚terminiert': bis zum bitteren Ende (V. 11).

Erwägungen über die großmütige oder selbstsichere Bereitschaft des Propheten und Rückschlüsse auf sein Temperament (etwa im Gegensatz zu Jer 1,6) haben keine Basis im Text. Auf die viel verhandelte Frage, ob ein Prophet ein derart destruktives Geschäft über Jahrzehnte habe betreiben können, gibt es wohl keine Antwort. Hinter den direkten und indirekten Aufforderungen zum Hören und Sehen, hinter den vielfältigen sprachlichen und dramaturgischen Mitteln, die Jesaja bei seinen Auftritten einsetzt, um Aufmerksamkeit zu erzeugen, ist nirgends eine programmatische Absicht erkennbar, Einsicht und Umkehr zu hintertreiben. Jesaja geht es nie gezielt um Desinformation.

„Sie wollten nicht hören" (28,12) – ist seine schonungslose ‚Erfolgsbilanz' für seine gesamte Tätigkeit. Wann ihm dieses Schicksal klar wurde, ist nicht mehr feststellbar. Jesaja 6 ist offenbar einerseits in die Anfangszeit seines Auftretens datiert und enthält andererseits viel interpretierende, grundsätzliche, eher resümierende Elemente.

Perspektiven

Leser müssen sich hüten, dem Text vorschreiben zu wollen, was drin stehen darf. Die fragmentarische Hinterlassenschaft erlaubt es nicht, ein Psychogramm, eine Biographie oder eine systematische Theologie des Propheten zu entwerfen. Die düstere Perspektive von Jes 6, die Erfahrung, daß Jesajas Volk vor der Präsenz des heiligen Gottes nicht bestehen kann, wird durch zahlreiche Texte dokumentiert. Andere Stimmen haben sich im Buch – legitimerweise – zu Wort melden dürfen. Daß Jesaja selbst auch positive Perspektiven aufgezeigt haben *müsse*, ist vielleicht eine Projektion des Wunsches von Auslegern, die in fatalen Süchten befangenen Völker unserer heutigen sogenannten ersten Welt werden sich gewiß therapieren lassen . . .

Ivo Meyer

Die Zeit ist begrenzt

Die Zeit ist begrenzt,
den Menschen in die Augen zu schauen,
den Heuchlern die Wahrheit zu sagen,
mit der Schwermut fertig zu werden,
sich in der Treue zu üben,
sich in der Krise zu bewähren.

Die Zeit ist begrenzt,
Böses mit Gutem zu vergelten,
auf meine Tiefe zu horchen,
meine Freiheit zu nützen,
mich selbst zu ordnen,
zu sehen, zu hören,
zu spüren, zu beten.

Martin Gutl

Vertrauen auf Gott – oder Vertrauen auf Waffen?

Jesaja und die Politik

Wer nimmt wohl ohne weiteres an, daß die alttestamentlichen Prophetenbücher handfeste Orientierung für das konkret politische Handeln unserer Zeit bieten könnnen? Eher möchte man doch annehmen, daß das in den Texten eventuell erkennbare politische Interesse kaum Konsequenzen für unsere heutigen politischen Entscheidungen beinhaltet. Im Widerstreit der Auslegungen, die sich geradezu bei Propheten-Texten oft ergeben, gilt es hier nachzufragen, wie ein Text aus dem Jesajabuch (in diesem Fall Jes 7), der sich offensichtlich mit einer ganz konkreten geschichtlichen Situation auseinandersetzt, im Laufe der Zeit rezipiert und weiterentwickelt wurde; wobei es Jes 7 auch schon um den Umgang mit der Geschichte und deren Überlieferung, um eine politische und geistige Neuorientierung ging.

Der Text Jesaja 7

Der Text ist bekannt. Als Kriegsgefahr seitens seiner Nachbarn den König von Juda, Ahas, bedroht, inspiziert er die Wasserversorgung der Stadt Jerusalem, um so Vorkehrungen für eine eventuelle Belagerung der Stadt treffen zu können. In diesem Augenblick tritt ihm der Prophet Jesaja in Begleitung seines Sohnes Schear-Jaschub *(„Ein Rest kehrt um“)* entgegen und ermahnt ihn, seine Feinde nicht zu fürchten, weil diese selber kraft- und machtlos sind. Ihre Pläne, einen Ersatzkönig nach ihrem Geschmack in Jerusalem auf den Thron zu erheben, werden sie doch nicht ausführen können. Der prophetische Zuspruch basiert auf der göttlichen Zusage, Jahwe stehe zu David und seinen Nachfolgern (vgl. 2 Sam 7; Ps 132). Ahas soll dieser Zusage trauen. Damit der König Gott vertrauen, glauben kann, erhält er ein Zeichenangebot. Ahas jedoch, unter Vorschützung von Frömmigkeit, weigert sich, auf dieses Angebot einzugehen. Daraufhin kündigt Jesaja an, daß Gott von sich aus ein Zeichen geben wird: es ist die Geburt des Immanuel.

Der Text selbst ist nicht einheitlich und trägt deutliche Spuren der Bearbeitung. Einerseits wird in der Form einer Verheißung etwas angekündigt, andererseits scheinen die vv. 4–9 als Mahnwort angelegt zu sein, das Ahas zu einer Entscheidung drängen will. Die Endredaktion verstand die vv. 1–7 wohl als Einheit, weshalb das Mahnwort im Rahmen der Gesamtkonzeption deutlich zurücktritt, weil es dem Gerichtswort (vv. 13–17) untergeordnet wurde. Somit tut sich hier für uns kein verheißungsvoller „Weihnachtstext" auf, vielmehr stehen wir vor der Ankündigung eines totalen Untergangs des Landes, seiner Bewohner und der Daviddynastie.

Die historische Basis, die dem Text zugrunde liegt und auf dessen Hintergrund argumentiert wird, sind die Ereignisse im Zusammenhang mit dem sog. *„syrisch-efraimitischen Krieg"*. Die biblischen (vor allem 2 Kön 16) und außerbiblischen (assyrischen) Angaben erlauben es, wenigstens einen zeitlich sicheren Rahmen und eine ungefähre Schilderung der Ereignisse zu entwerfen. Der assyrische König Tiglatpileser III. zog im Jahre 734 gegen die philistäischen Gebiete und in den Jahren 733 und 732 gegen das Aramäerreich von Damaskus, das sich nach Salomos Tod zu einem neuen Machtfaktor unter den kleinen Stadtstaaten der palästinischen Landbrücke aufgeschwungen hatte. Wahrscheinlich unter dem Eindruck des assyrischen Feldzuges von 734 wollten Rezin von Damaskus und Pekach, König des Nordreiches Israel das Königreich Juda zu einer Beteiligung an der antiassyrischen Koalition zwingen. Dazu ließen sie ihre vereinten Truppen gegen Jerusalem aufmarschieren, mit der Absicht in Jerusalem einen ihren Zwecken und ihren Plänen besser gesonnenen König auf den Thron zu setzen und den regierenden König Ahas abzusetzen. Politisch ging die Sache so aus, daß Ahas sich assyrische Hilfe mit der Zahlung eines ansehnlichen Tributes erkaufte und er so die Bedrohung von Rezin und Pekach los wurde, wobei er allerdings als Gegenleistung die Oberherrschaft Assurs anerkennen mußte. Aber damit ist der Ausgang der Ereignisse schon vorweggenommen, denn unsere Episode spielt sich genau vor dieser Entscheidung des Ahas ab.

Vordergründung geht es dem Text um die Entscheidung über das Bestehen oder den Untergang der davidischen Dynastie. Es ist die Fehlentscheidung des Ahas, die das angekündigte Zeichen zu einem Drohzeichen werden läßt! Damit ist eine Entscheidung gefallen, die den Gott des Ahas (als Repräsentanten des Volkes) nun nur noch zum Gott des Propheten werden läßt. Der Text unterstreicht diese Wende, in dem er in V. 13 Jesaja nur noch von „meinem Gott" und nicht mehr von „deinem (d. h. des Ahas) Gott" (V 11) reden läßt. Damit ist das Bundesverhältnis aufgekündigt und das zunächst positive Zeichenangebot von V. 11 wird in den vv. 14–17 zu einem Gerichtswort.

Die „Weiterlesung" des Textes

Die Erzählung stammt in der vorliegenden Form nicht vom Propheten Jesaja, sondern wird uns von einem Erzähler vorgetragen, der über die auftretenden Akteure in der dritten Person berichtet; der Erzähler gehört wahrscheinlich erst dem späten 6. oder frühen 5. Jahrhundert v. Chr. an. Wurde früher üblicherweise angenommen, Jes 7 gehöre zur jesajanischen *„Denkschrift"* (6,1–8,23 bzw. 9,6), so kann man aufgrund des Kreises, der hier angesprochen wird, wohl annehmen, daß ein späterer Erzähler die Geschichte von Ahas und dem Gotteszeichen historisiert (vgl. die Übernahme aus 2 Kön 16,5 in V. 1 und die eingetragenen Namen der bedrohenden Könige in V. 4) und verdeutlicht, vor allem aber aus seiner aktuellen Sicht reflektiert und überarbeitet hat. Dieser Erzähler oder Endreaktor spricht in einer Zeit, in der das, was hier berichtet wird, schon längst Vergangenheit ist. Die Entscheidung und das Verhalten des Ahas haben für ihn einen (negativen) Beispielcharakter für seine eigene Gegenwart, in der die Unabhängigkeit des eigenen Landes schon längst verspielt ist und das Volk sich nur als Besiegte erlebt. Der Erzähler scheint wohl auf eine lange unheilvolle Geschichte zurückblicken zu können. Denn hätten die Könige aus Davids Geschlecht allein auf ihren Gott vertraut, statt sich auf eigenmächtige politische Aktivitäten einzulassen, dann wäre die Dynastie gemäß der ihr vom Propheten Natan gegebenen Verheißung (2 Sam 7) erhalten geblieben. Zur Furcht vor den in Wahrheit bereits dem Untergang geweihten beiden feindlichen Königen bestand wahrhaftig keinen Grund; alle hektischen und eigenmächtigen Überlegungen hatten sich als hinfällig und überflüssig erwiesen.

Im Glauben des Erzählers bildet somit der Bund zwischen Gott und seinem Volk das Fundament für die Existenz und das Weiterleben des Staates, und dieser Glaube an den Bundesgott hat sich zu bewähren im Vertrauen auf die Zusage Gottes, auch in politisch brisanten Situationen.

Dabei versteht es der Erzähler, den König Ahas als eine Art Kontrastfigur zum König Hiskija aufzubauen. Denn Hiskija hatte sich selbst in einer ähnlichen Stunde der Not an den Propheten Jesaja gewandt (2 Kön 19), während Ahas der ungebetenen Verheißung nicht glauben konnte oder wollte. So ist die Glaubensforderung, die dem Ahas abverlangt wird, für den Erzähler nicht mehr primär an den König, sondern letztlich an den Leser gerichtet und er möchte gerade diesen auf den Ernst der von ihm geforderten Entscheidung hinweisen. Das Zeichen des Sohnes ist entgegen dem Angebot in V. 11 keine Entscheidungshilfe mehr für den König Ahas, denn dieser hat sich mit seiner Fehlentscheidung und Weigerung schon gegen den Glauben an Jahwes Beistand ausgesprochen. Der Beistand verheißende Name „Immanuel" des angekündigten Kindes deutet dennoch auf Heilvolles hin, aber für wen? Für Ahas wohl kaum. Der Text läßt völlig offen, für wen diese Verheißung gelten soll. Wie Worte wie diese wiederaufgenommen und neu gedeutet werden können, zeigt Micha 5,2–5, in dem die Verheißung der

Gebärenden und die Vorstellung vom Rest in einen Rettungszuspruch umfunktioniert wurde, um damit Trost und Befreiung in der notvollen Gegenwart zu verheißen.

Daß in unserem Text die ursprüngliche geschichtliche Situation aktualisiert und der neuen Verkündigungssituation angepaßt ist, zeigt sich u. a. auch in der Neuinterpretation (Relecture) von V. 4: der alte Text wird zu einem Beispiel für das jetzige Verhalten. Nachträglich sieht es der Erzähler so, daß die Rettung der Dynastie in einer im Gottvertrauen gegründeten Haltung gelegen hätte, wie dies auch die deuteronomistische Kriegsansprache und Kriegstheologie im Blick auf die Situation des Volkes entfaltet hatte. Die Aufforderung, sich nicht zu fürchten und auf Jahwes Zusage zu vertrauen, stammt zunächst aus der Tradition der Jahwekriege, ist hier aber zu einem Mahnwort umgedeutet worden. Für den Erzähler gibt es nur die Alternative und Israel hat sich, wie damals, auch jetzt zu entscheiden: zu vertrauen auf die eigenen Kräfte und Überlegungen oder sich in einem aktiven Akt des Vertrauens auf das von Gott gegebene Wort zu verlassen und entsprechend zu handeln. Für den Erzähler ist es ausschlaggebend, daß die Bedrohung, die damals von Pekach und Rezin ausging, einen Angriff gegen die von Jahwe erwählte Dynastie bedeutete. Die Mahnung zum *„Stille-sein“* in V. 4, ursprünglich (in vorstaatlicher Zeit) hervorgegangen aus dem Glauben an die göttliche Mitwirkung beim Erringen eines militärischen Sieges, wird nun vom Erzähler aufgenommen und zu einem Beweis für den göttlichen Beistand, den der Mensch mit seinem Vertrauen aktiv zu begleiten hat. Die akute Frage nach dem Weiterleben und der Existenz der davidischen Dynastie ist zur entscheidenden Frage nach der weiteren Existenz des Volkes geworden. In der Tradition der deuteronomisch-deuteronomistischen Kriegsansprache wurde hier schon das Volk angesprochen; diese Einbeziehung des Volkes in den Kreis der Angesprochenen, die entsprechenden Imperative weisen auf eine späte Abfassung, setzen das deuteronomistische Geschichtswerk und die Abfassung der Königsbücher bereits voraus.

Die Verheißung der ewig bleibenden Dynastie in 2 Sam 7,16 gab dem Erzähler das Recht, den Propheten seinem König im Namen des Gottes der Verheißung die Bedingung des Bestehens ansagen zu lassen. Die Dynastie war ja nun trotz der Verheißung doch zu Ende gegangen, aber nur deshalb, weil sie das von ihr geforderte Vertrauen nicht aufgebracht, sondern sich eigenmächtig und im Vertrauen auf fremde Mächte im politischen Spiel verwickelt und damit selbst um den Beistand des Gottes gebracht hatte, in dessen Verheißung sie verwurzelt war.

Das „wenn ihr nicht glaubt, dann werdet ihr nicht bleiben“ ist als Glaubenssatz aus der bitteren Erfahrung und schmerzlichen Reflektion der eigenen Geschichte des Untergangs geboren und wird nun zur Mahnung für den König, letztlich jedoch für die eigene Generation stilisiert. Jener hatte ja sein Haus auf einen politisch unguten Weg geführt, an dessen Ende der Untergang und zugleich die Dezimierung des Volkes stand.

Während die Geschichte des davidischen Königshauses abgeschlossen, das Reich der Davididen endgültig vergangen schien, hält der Erzähler seine Geschichte am Ende mit dem Mahnwort zum Leser hin offen: er ist gefragt, ob er Gott vertrauen und bleiben oder den von ihm geforderten Glauben an Gottes gnädige Zusage verweigern und ebenfalls untergehen wird. Dabei wird keine besondere Aktivität gefordert, sondern das „Stille-Sein“, das wohl verstanden wird als ein Ausharren auch in der Zeit der Not und der Bedrängnis; die eigentliche Aufgabe des Volkes in dieser neuen Situation ist das Vertrauen auf den Gott, der zu seinem Volk steht.

So zeigt der Erzähler seinem Volk, daß es in seiner Entscheidung für oder gegen den Glauben liegt, ob Gott die abgelaufene Geschichte des Volkes Israel nicht dem Rest dieses Volkes noch einmal eröffnet oder ob auch noch dieser Rest mit ihm völlig untergeht.
Die Erzählung wirbt über die Zeiten hinweg um das Vertrauen des Menschen auf Gott als den Herrn der Geschichte, der – nur er allein – Zukunft ermöglichen kann.

Kritische Betrachtung eines alltestamentlichen Textes

Ist diese Sicht des Erzählers das letzte Wort über eine ferne Vergangenheit, die er dennoch für aktuell genug hielt, sie interpretierend seinem Volk vorzuhalten? Muß diese Geschichte, kann sie überhaupt auch heute noch „weiter“-geschrieben werden? Ist unsere Zeit nicht derart, daß sich förmlich Parallelen zu der hier vom Erzähler gedeuteten Vergangenheit auftun? Ist nicht das Sicherheitsbedürfnis, gerade in christlich-gefärbten politischen Kreisen, ebenso übermächtig, sodaß Verheißungen, die auch uns zugesprochen worden sind, nicht mehr „ziehen“ und wir wohl am liebsten nichts dem Zufall (und schon gar nicht diesem Gott) überlassen möchten? Und welche frommen Sprüche fallen uns nicht ein, wenn es darum geht, uns an dem bißchen Sicherheit und Freiheit zu festzuklammern, das wir uns in zähem Mühen und klugem Taktieren selber geschaffen haben; und das sollen wir nun eintauschen für diese freibleibende Zusage eines Gottes, an den wir zwar gerne glauben möchten, der sich aber in unserem politischen Alltag als höchst unberechenbar und nicht verfügbar zeigt!

Betrachten wir noch einmal die Aussage des Erzählers, dann sind darin durchaus Fragen enthalten, die an-stoßen, nach einer kritischen Reflexion oder nach einer Ergänzung verlangen oder gar eine Aktualisierung nahelegen.

Das *„Stille-sein“* ist im Sinne der theologischen Tradition Israels kein negativer Begriff, sondern ein höchst wagemutiges Sich Bergen, im Vertrauen auf das bestimmte Wort Jahwes. Wer sich zu diesem Glauben und Gottvertrauen bekennt, kann dann aber nicht so tun, als stünden ihm noch die eigenen Überlegungen zur Verfügung, für den Fall, daß dieser Gott uns doch noch im Stich läßt. Die schützende Wirkung Gottes kümmert sich um jede

Bedrohung, die von außen oder von unserem Innern gegen uns selbst und die von Gott zusammengehaltene Gemeinschaft angeht. Der Glaube und das Vertrauen, die hier gefordert werden, sind bedingungsloser Glaube, der nicht eine geteilte Existenz des Angesprochenen duldet, der mit geteiltem Herzen sowohl seinem Gott wie auch seinen eigenen Plänen und Überlegungen vertrauen möchte. Dabei gilt es nicht im passiven Zuwarten zu verharren, sondern möglichst aktiv und beteiligt am Geschehen in dieser Welt teilzunehmen, nicht fieberhaft die eigene Sicherheit und das vom Sicherheitsbedürfnis der Gemeinschaft diktierte Taktieren in den Vordergrund zu setzen, sondern aktiv im Glauben an Gott als den Herrn der Geschichte zu handeln. Dieser Glaube enthebt uns also keineswegs der Aufgabe, in dieser Welt, von Angst befreit, umsichtig zu handeln, sich entschieden zu engagieren, politische Verantwortung zu übernehmen und Entscheidungen zu treffen, indem vermeintliche Sicherheiten aufgegeben werden.

Dirk Kinet

Ein Sproß wächst aus dem Baumstumpf Isai,
ein neuer Trieb schießt hervor aus den Wurzeln.
Ihn wird der Herr mit seinem Geist erfüllen,
dem Geist, der Klugheit und Einsicht gibt,
der sich in weiser Planung und in Stärke zeigt,
in Erkenntnis und Ehrfurcht vor dem Herrn.
Gott zu gehorchen ist ihm eine Freude.
Er urteilt nicht nach dem Augenschein
und verläßt sich nicht aufs Hörensagen.
Den Entrechteten verhilft er zum Recht,
für die Armen im Land setzt er sich ein.
Seine Befehle halten das Land in Zucht,
sein Urteilsspruch tötet die Schuldigen.
Wie ein Gürtel, den man ständig trägt,
so umgeben ihn Gerechtigkeit und Treue.

Jesaja 11,1–5

„Die Herrschaft liegt auf seiner Schulter!“

Die Messiastexte im Jesajabuch

Die Einnahme Jerusalems durch die Babylonier im Jahr 587 v. Chr. brachte nicht nur dem Staat Juda und der ihn regierenden Davidsdynastie das politische Ende, sondern löste auch eine tiefgehende Glaubenskrise aus. Die göttlichen Verheißungen, auf die das staatliche und religiöse Leben bislang gebaut hatte, waren offenbar außer Kraft gesetzt: Nunmehr gehörte das den Vätern gelobte Land fremden Eroberern, der Ort der Gegenwart Jahwes, der Tempel, lag in Trümmern und das mit göttlichen Zusagen ausgestattete Königtum Davids und seiner Nachfolger war verschwunden. Die religiöse, politische und wirtschaftliche Elite Judas lebte in Babylon im Exil (2 Kön 24,10–16; 25,11 f.18–21). Bedeutete der Bestand von Land, Tempel und Königtum für das vorexilische Juda, daß es vor Jahwe in einem Zustand letztlich unverbrüchlichen Heils lebte, dann stellten die Ereignisse von 587 v. Chr. diese Heilssicherheit grundsätzlich in Frage. Israel war an sein Ende gekommen und sah keine Zukunft mehr. *„Ausgetrocknet sind unsere Gebeine, unsere Hoffnung ist untergegangen, wir sind verloren.“* (Ez 37,11) „Warum ist das alles so gekommen? Hat Jahwe uns für immer verlassen? Hat er seine Verheißungen aufgehoben? Sind die Götter der Babylonier stärker und mächtiger als Jahwe?“ Um solche Fragen kreiste das Denken der im Land gebliebenen und der nach Babylon ins Exil verschleppten Judäer (vgl. 2 Kön 17,1–23; 23,26 f; Jes 49,14).

Neue Gedanken in einer zerstörten Welt

In dieser trostlosen Situation hatten die Propheten Deuterojesaja und Ezechiel für die in Babylon wohnenden Judäer Visionen, die die skeptischen Herzen aufmerken ließen: Jahwe wird sich erneut der Seinen annehmen und sie zu einem Volk machen. Er wird sie abermals in ihr Land führen und ihnen seine Gegenwart schenken. Er wird in die Menschen ein neues Herz und einen neuen Geist einpflanzen, damit sie ihm folgen können (vgl. Ez 36 f; Jes 45,13; Jes 49,15 f).

Daß Verheißung und Erfüllung ein unterschiedliches Gesicht haben können, mußten die Exulanten in der Folgezeit erfahren. Inzwischen hatte 539 v. Chr. der Perserkönig Kyros Babylon erobert und den dorthin verbannten Judäern die Rückkehr nach Jerusalem in Aussicht gestellt. Somit schienen sich die prophetischen Worte Deuterojesajas und Ezechiels zu erfüllen. Doch dann kam alles bescheidener als angesagt. Die Heimkehr nach Jerusalem brachte keinen prächtigen Neuanfang mit sich. Die Stadt war heruntergekommen. Zwistigkeiten zwischen den Rückkehrern und den im Land Verbliebenen erschwerten das Leben, ein nicht unbeträchtlicher Teil der Exulanten hatte es zudem vorgezogen, nicht nach Juda zurückzukehren, an eine politische Eigenständigkeit war nicht zu denken. Weshalb vollendete Jahwe nicht die angekündigte und teilweise schon erfahrene Wende des Geschicks? Vielleicht hatte der Prophet Haggai recht und die Misere war deshalb so groß, weil jeder in Juda nur an sich selbst dachte, anstatt für den Tempel Jahwes zu sorgen (Hag 1,2–9). So machten sich Jerusalems Bewohner daran, das Gotteshaus wieder zu errichten. Die Propheten Haggai und Sacharja unterstützten sie darin und weissagten, die Vollendung des Tempels werde einen Umschwung aller Dinge mit sich bringen und die messianische Königsherrschaft Serubbabels, eines Enkels des bis 598 v. Chr. in Jerusalem regierenden Königs Jojachin, herbeiführen (Hag 2,20–23; Sach 4,1–6.10–14; 6,9–15). Doch Serubbabel verschwand alsbald aus dem öffentlichen Leben Judas. Damit war der Traum eines Neuanfangs zunächst einmal verflogen.

Wer ist der Messias?

Die Frage nach dem Messias stellt sich vor allem vom Neuen Testament her. Im Alten Testament selber steht die Messiashoffnung neben zahlreichen anderen Endzeiterwartungen und ragt nicht einmal besonders heraus. Nun wird aber Jesus im Neuen Testament *Christus* genannt. Das ist die griechische Übersetzung des aramäischen Wortes *meschicha* bzw. des hebräischen *maschiach*, wovon sich unser Wort *Messias* herleitet. Zu deutsch heißt das: der *Gesalbte*. Der Titel ist ursprünglich im Jerusalemer Krönungsritual beheimatet. Bei der Krönung wurden die judäischen Könige gesalbt und hießen fortan *Gesalbte Jahwes*. Es konnten zudem Menschen so bezeichnet werden, die weder eine Salbung empfangen hatten noch Jahwe als ihren Gott anerkannten: In Jes 45,1 heißt der Perserkönig Kyros *Gesalbter Jahwes*, Ps 105,15 nennt die Väter *Gesalbte Jahwes*. Entscheidend ist somit die religiöse Dimension des Titels: Der Gesalbte ist der von Jahwes Erwählte und steht in einem besonderen Verhältnis zu Jahwe. Wenn nun im Folgenden vom *Messias* die Rede ist, dann werden damit drei Aspekte angesprochen:

1. Der Messias ist eine *Königsgestalt*.
2. Der Messias bringt das *Heil*.
3. Mit der Herrschaft des Messias bricht die *Endzeit* an.

„Kurz: Der Messias ist der endzeitliche Heilskönig.“ (H. W. Wolff)

Jes 9,1–6 und 11,1–9 –
Alte Traditionen in neuer Sicht

Nach dem Untergang des Reiches Juda konnten die alten Traditionen nicht mehr ungebrochen gelesen werden. Konnte bis 587 v. Chr. der Bestand von Land, Tempel und Königtum als Entfaltung der von Gott gegebenen Verheißungen verstanden werden, bot sich über das Bestehende ein Zugang zu den Verheißungen, so war dieser Weg jetzt versperrt. Waren die alten Heilstraditionen von der Befreiung in Ägypten, von der Errettung am Meer, von der Landnahme und von der Einrichtung des Königtums nicht bedeutungslos geworden, wenn das auf den wunderbaren göttlichen Taten aufbauende Heil nicht mehr zu greifen war? War dort noch etwas Gültiges zu erfahren? Die Bedeutung der an diese Probleme anknüpfenden theologischen Arbeit der exilisch-nachexilischen Zeit kann in ihrer Denkweise und in ihren Ergebnissen nicht hoch genug veranschlagt werden, denn man entdeckte jetzt neue und bislang ungeahnte Zusammenhänge: Damals in Ägypten war die Lage Israels ebenso aussichtslos gewesen wie jetzt die der nach Babel Verschleppten. Wenn Jahwe aber in grauer Vorzeit Israel von der bedrückenden Macht Ägyptens befreien konnte, dann konnte er ein weiteres Mal befreiend handeln. Vor allem Jahwes Schöpfungshandeln ließ Hoffnung zu: Damals als die Welt begann, hatte Jahwe das Urchaos zurückgedrängt und für seine Kreatur einen Bereich der Ordnung errichtet. Dann hatte er auch die Macht, das mit dem Exil eingebrochene geschichtliche Chaos zu überwinden und sein Volk in eine neue Ordnung zu stellen. Ferner sprachen die religiösen Überlieferungen davon, daß Jahwe einst in Ägypten sein Volk erwählt hatte, und daß er immer wieder in seinem Volk Menschen für bestimmte Aufgaben erwählte, daß demnach ein derartiges Erwählungshandeln für diesen Gott *typisch* ist. In den alten Traditionen wurden somit bleibende Aspekte am göttlichen Handeln entdeckt, die als *Entsprechungsmotive* auch das erwartete künftige Handeln Jahwes gültig umschreiben konnten. Sollte es überhaupt noch eine Hoffnung geben, dann lag sie allein in einem neuen schöpferischen Tun Jahwes in Welt und Geschichte. Man hat dieses im Exil einsetzende prophetische und theologische Denken als *eschatologisches* Denken bezeichnet, weil es für die Zukunft von Gott her eine tiefgreifende Wende erwartete. Die Art und Weise, die alten Traditionen neu zu interpretieren, hat die Exegese treffend als *Relecture* charakterisiert. Die Relecture der eschatologischen Theologie bemühte sich, das als typisch erkannte Jahwehandeln als den Grund des eigenen Hoffens zu erweisen.

War einmal der Schlüssel zu einem neuen Verständnis der alten Überlieferungen gefunden, dann konnten auch die Aussagen über das Königtum in ähnlicher Weise gelesen werden: So wie Jahwe am Anfang des staatlichen Lebens in Israel mit der Erwählung Davids zum König den gescheiterten Saul ablöste und Israel sogar zu einer später nie wieder erreichten Größe führte, so konnte er erneut einen Herrscher, einen Messias, für sein Volk erwählen, um die bestehende Unfreiheit zu beenden.

Die wohl bekanntesten messianischen Zeugnisse Jes 9,1–6 und 11,1–9 stammen keinesfalls von dem im 8. Jahrhundert v. Chr. tätigen Propheten Jesaja, sondern sie sind nach Wort-, Motiv- und Themenwahl prophetische Texte der nachexilischen Zeit. Als sie verfaßt wurden, gehörte die Serubbabel-Episode bereits der Vergangenheit an. Nicht aufgegeben war jedoch die Hoffnung auf politische Selbstbestimmung unter einem eigenen Herrscher.

Gleich am Anfang von Jes 11,1–9 gibt die Erwähnung des *Baumstumpfes Isais* einen Hinweis auf die geschichtliche Situation der exilisch-nachexilischen Zeit und auf die Anfänge des Königtums unter David: Der Baum der Davidsdynastie wurde gefällt. Der Stumpf legt lediglich noch Zeugnis davon ab, daß da einmal ein ausgewachsener Baum gestanden hat, daß es einmal eine mächtige Dynastie des Isaisohnes David und seiner Nachfolger gegeben hat. Doch spricht der Anfang des Textes nicht zufällig davon, daß der neue Zweig aus dem Baumstumpf *Isais* wächst, denn Isai, der Vater Davids, steht noch außerhalb der Dynastie. Es geht also nicht um die Wiederbelebung der Dynastie Davids, sondern es wird von Jahwe her ein neues Erwählungshandeln erhofft, das dem an Isais Sohn David gleicht. Ein derartiger Neuanfang läßt gleichzeitig das vergangene Gericht, den Untergang des Staates Juda, in einem anderen Licht erscheinen, denn rückblickend wird es zum Teil eines umfassenden Erneurungsvorgangs, verbleibt so in einem grundsätzlichen Heilskontext, der freilich nicht durch das Bestehen von göttlich gestifteten Institutionen garantiert wird, sondern allein im Heilswillen Jahwes begründet ist. Die prophetische Dichtung spielt bewußt auf die Erzählung von Davids Erzählung an (1 Sam 16,1–13): Mit David wird derjenige von Isais Söhnen zum König bestimmt, der dem Augenschein nach am wenigsten dazu geeignet ist. Dementsprechend spricht Jes 11,1 von einem *Reis*, das aus Isais Wurzelstumpf hervorsprießt. Das Neue, die Herrschaft des Messias, wächst unscheinbar heran, und menschliche Erfahrung stellt sich dem Glauben, daß darin Zukunft liegen soll, skeptisch in den Weg. Wenn auf diesem Reis aus Isais Baumstumpf Hoffnung ruht, dann nur deshalb, weil Jahwe selbst es heranwachsen läßt. Übrigens findet sich in der messianischen Weissagung Micha 5,1–5 Vergleichbares: Der Messias kommt aus *Betlehem* und nicht, wie es eigentlich zu erwarten wäre, aus der Königsstadt *Jerusalem.* Wie der Name *Isai*, so verweist auch der Ortsname *Betlehem* auf die vordynastische Zeit und auf das in ihr bezeugte göttliche Erwählungshandeln. Niemand kennt den künftigen Herrscher Israels und Jahwes Wahl steht quer zu den menschlichen Vorstellungen, weil dieser Gott *nicht auf das sieht, worauf der Mensch sieht* (Vgl. 1 Sam 16,7).

Mag der Messias noch so unscheinbar heranwachsen, so ist er doch für seine Herrscheraufgaben bestens gerüstet, weil Jahwe selber ihn mit den verschiedenen *Gaben des Jahwegeistes* ausstattet. Wie David in 1 Sam 16,13 bei der Salbung durch Samuel auf Dauer mit dem Geist Jahwes beschenkt worden ist, so wird auch der Messias den Jahwegeist empfangen und all die Gaben erhalten, deren ein guter König bedarf: *Weisheit, Gerechtigkeit, Recht,*

Geradheit, Erkenntnis und Jahwefurcht. Der Messias lernt all diese praktischen Fähigkeiten nicht wie gemeinhin üblich in der Weisheitsschule (Spr 1,1–7), sondern er erhält sie unmittelbar von Jahwe. Kraft dieser von Jahwe erhaltenen Geistesgaben kann der Messias *gerecht* und unbestechlich herrschen: er urteilt weder nach dem *Augenschein* noch nach dem *Hörensagen*, ergreift im Gericht die Partei der *Armen und Geringen*, der sozial Benachteiligten, und richtet sich vernichtend gegen den *Gewalttätigen*, den Repräsentanten der alten, unfreien Verhältnisse.

Auch Jes 9,1–6 verwendet Davidstraditionen, näherhin die in 2 Sam 7,17 überlieferte Weissagung des Propheten Natan. Wie der Prophet einst dem David mit der Ankündigung eines Thronerben Hoffnung geschenkt hatte, so wird auch der Herrschaftsantritt des Messias zur Hoffnung des Volkes. Nach 2 Sam 7,14 teilt Natan auf göttliche Weisung hin David mit, Salomo, der Sohn und Nachfolger Davids auf dem Thron, werde von Jahwe wie ein Sohn angenommen. Das klingt in der Geburtsproklamation von Jes 9,5 nach: Der Messias ist *Sohn*, weil er Jahwe so nahe steht wie ein Sohn seinem Vater. Die Namensgebung kann ebenfalls von 2 Sam 7 her verstanden werden. Jahwe erinnert in 2 Sam 7,9 David daran, er habe seinen Namen groß gemacht. Das wird in Jes 9,5 mit Hilfe der vier Namen ausgestaltet. In diesen Namen drückt sich die Bedeutung des Messias aus. Er ist der *Wunderbare Ratgeber*. Die Exilszeit hatte die Einsicht gebracht, daß in Juda gerade die Könige versagt hatten, weil sie ihre eigene Politik verfolgten und nicht den Absichten Jahwes gemäß handelten (vgl. z. B. Jes 7,1–17; 2 Kön 24,3 f). Der Messias herrscht dagegen, indem er das rät und vollbringt, was Jahwe geplant hat. Somit erweist er sich ganz und gar als der Herrscher nach dem Herzen Jahwes. In vergleichbarer Weise ordnet auch der zweite Name *Starker Gott* den Messias dem göttlichen Bereich zu. Der dritte Name *Vater in Ewigkeit* spricht von dem Verhältnis des Herrschers zu seinem Volk und von der undenkbar langen Zeit seiner Regentschaft. Wie ein Vater für seine Familie sorgt, ihr gibt, was sie zum Leben braucht, und sie vor Gefahren schützt, so tritt der Messias für sein Volk ein. Die Messiasherrschaft stellt zudem kein kurzes Intermezzo dar, sondern sie wird eine Dauer haben, die die Lebensspanne eines einzelnen Menschen um ein Vielfaches übersteigt. Als *Fürst des Friedens* hält er die inneren und äußeren Bedrohungen fern und sorgt für die Wohlfahrt seines Volkes. Das für *Fürst* verwendete hebräische Wort besagt zudem, daß der Messias Jahwe untergeben ist. Jes 9,6 entfaltet nochmals die Aussagen der letzten beiden Thronnamen und erinnert mit der Erwähnung des *Thrones Davids* daran, daß der Messias ein Herrscher wie David sein wird.

Die Geburtsproklamation und die Namensgebung in Jes 9,5 verraten noch etwas von der ägyptischen Königsvorstellung, die während der Königszeit das Jerusalemer Hofleben mitgeprägt hat. So wie in Ägypten am Tage der Thronbesteigung die wunderbare Geburt Pharaos erzählt wird, Geburtsproklamation und Herrschaftsantritt demnach zusammenfallen, so stehen auch in Jes 9,5 die Nachricht von der Geburt des Messias und die von seinem

Herrschaftsantritt nebeneinander. Auch die vier Thronnamen haben ihre Vorbilder im Thronbesteigungszeremoniell Ägyptens.

Neben den Davidstraditionen, die das Rückgrat der messianischen Relecture bilden, begegnen noch andere vertraute Traditionselemente als *Entsprechungsmotive*, um von der Großartigkeit des befreienden Jahwehandelns zu sprechen, das der Messiasherrschaft vorausgeht. Wenn Jes 9,1 vom Einbruch des *Lichtes* in das *Dunkel* spricht, dann läßt das im Leser gleich mehrere Bezüge wach werden: Wie Gott am Anfang der Schöpfung über dem Chaos das Licht hat aufleuchten lassen, so wird mit dem Anbruch der neuen Heilszeit das noch andauernde chaotische Dunkel in der Geschichte einem hellen Licht weichen. Das Gegensatzpaar von *Licht und Dunkel* hat ferner in der Zionstheologie eine große Bedeutung. Im endzeitlichen Kampf wird Zion von Feinden bedrängt. Das ist die Zeit der Nacht. Mit dem anbrechenden Tag vernichtet Jahwe die Feinde und bringt seinem Berg Rettung. Und da ist noch ein weiterer Aspekt: Israel hat die Zeit des Exils als Gefangenschaft im Dunkel verstanden und dessen Ende als Herausführung ans Licht (Jes 42,6 f; 49,9; Ps 107,10–14; Mi 7,8 f). Darüber hinaus erhofft der Vers, die menschliche Todesverfallenheit möge durch den Glanz des Lichtes überwunden werden, so daß sich den Bewohnern des *Landes der Finsternis* neue Lebensmöglichkeiten eröffnen. Wenn Jahwe das *drückende Joch*, das Tragholz auf unserer Schulter und den *Stock des Treibers* wie am *Tag von Midian* zerbricht, dann erinnert das an Richter 7. Damals in der vorstaatlichen Zeit schlug Gideon mit nur dreihundert Mann vernichtend die zahlenmäßig weit überlegenen Midianiter. Das für Israel so ungünstige Zahlenverhältnis zeigt nur, daß Jahwe allein als Sieger zu gelten hat. Daher werden dann auch in Jes 9,4 *Stiefel* und *Mantel*, die Rüstung der feindlichen Armee, für Jahwe gebannt und verbrannt.

In Jes 11,6–8 wurde, um die messianische Friedenszeit zu charakterisieren, ebenfalls ein Motivkomplex eingefügt, der nicht zur Davidstradition gehört. Wenn der Messias herrscht, dann wird die tiefe Zerrissenheit, die bisher die gesamte Schöpfung quält, geheilt sein. Ist das Leben der wilden Tiere und der Menschen in der vormessianischen Zeit vom Kampf ums Leben und Überleben bestimmt, so wird im Gegensatz dazu die messianische Zeit von einem friedlichen Nebeneinander und Miteinander aller Lebewesen bestimmt sein. Wie im Paradies ernähren sich Menschen und Tiere nur von Gras und Kräutern (vgl. Gen 1,30). Die Menschen leben in ungestörter Ruhe bei ihren Mitgeschöpfen, denn die alte Feindschaft zwischen dem Menschen und der Schlange (vgl. Gen 3,14 f) besteht nicht mehr.

Die christliche Relecture

Wenn ein Christ Texte wie Jes 9,1–6 und 11,1–9 liest, wird er den im Jesajabuch angekündigte Messias in Jesus wiedererkennen. Er ist der Mensch nach dem Herzen Gottes, der Sohn. Er bringt den Frieden und die Nähe

Gottes. Trotzdem sind deutlich Unterschiede festzuhalten: Jesus tritt nicht als König auf, hat keine politische Macht und solidarisiert sich ganz unköniglich mit dem Abschaum der damaligen Gesellschaft. Die Verurteilung und Hinrichtung Jesu stellen vermutlich immer noch das stärkste Argument gegen seine Messianität dar. Es könnte freilich auf Jes 11,1 gewiesen werden: Der Messias kommt wie ein unscheinbares Reis, entspricht nicht den vordergründigen Erwartungen der Menschen, sondern vollbringt seine Aufgabe so wie Gott es vorgesehen hat. Wenn die Christen schon sehr bald in dem *Wurzeltrieb aus trockenem Boden*, in dem stellvertretend leidenden Gottesknecht (vgl. Jes 52,13–53,12), einen Hinweis auf Jesus erkannt haben (Lk 24,26), dann haben sie ihre Erfahrung mit Jesus aussprechen wollen: Die äußere Macht ist für den Messias nicht von Belang, entscheidend ist vielmehr, daß er den Menschen die Nähe Gottes bringt und daß er für die Seinen bis aufs Blut einsteht. Weil Jesus den Sündern und den von Gott verlassenen einen Gott mit Herz offenbart, der das erfüllte Leben eines jedes seiner Geschöpfe will, weil er von einem Gott redet, der ungeahnt gut ist, weil die Menschen ihre Lebensangst hinter sich lassen und diesem Gott vertrauen können, deshalb erweist sich Jesus dem Glaubenden als der Messias Gottes.

Wolfgang Werner

Literatur zu Deuterojesaja

Alfons Deissler, Dann wirst du Gott erkennen. Die Grundbotschaft der Propheten, Freiburg–Basel–Wien 1987, S. 99–111.

Karl Elliger, Deuterojesaja. 1. Teilband: Jesaja 40,1–45,7 (Biblischer Kommentar Altes Testament Bd. XI/1), Neukirchen-Vluyn 1978.

Georg Fohrer, Das Buch Jesaja. 3. Band: Kapitel 40–66 (Zürcher Bibelkommentar AT), Zürich ^{2}1986.

Ders., Erzähler und Propheten im Alten Testament. Geschichte der israelitischen und frühjüdischen Literatur, Heidelberg–Wiesbaden 1988, S. 146–151.

Franz-Josef Helfmeyer, Der Heilige Israels – dein Erlöser. Das Buch Jesaja (Stuttgarter Kleiner Kommentar AT Bd. 9/10), Stuttgart ^{2}1984.

Hans-Jürgen Hermisson, Deuterojesaja. 2. Teilband/1. Lfg.: Jesaja 45,8–25 (Biblischer Kommentar Altes Testament Bd. XI/2. Lfg. XI_7), Neukirchen-Vluyn 1987.

Klaus Koch, Die Profeten II. Babylonisch-persische Zeit (Urban-Tb 281), Stuttgart–Berlin–Köln–Mainz 1980, S. 124–155.

Horst Dietrich Preuß, Deuterojesaja. Eine Einführung in seine Botschaft, Neukirchen-Vluyn 1976.

Gerhard von Rad, Theologie des Alten Testaments II. Die Theologie der prophetischen Überlieferungen Israels, München ^{4}1965, S. 248–270.

Franz Josef Stendebach, Rufer wider den Strom. Sachbuch zu den Propheten Israels, Stuttgart 1985, S. 105–111.

Claus Westermann, Das Buch Jesaja. Kap. 40–66 (Altes Testament Deutsch Bd. 19), Göttingen ^{2}1970.

Jörg Zink, Licht über den Wassern. Geschichten gegen die Angst, Stuttgart ^{2}1979, S. 204–219.

Seit meiner Kindheit

Seit meiner Kindheit
bin ich den Menschen auf der Spur.

Ich fragte viel.
Ich blieb sitzen,
wo viele gingen.
Ich lasse die Menschen
nicht aus meinen Augen.

Seit meiner Kindheit
bin ich den Menschen auf den Fersen.

Auf diesem Weg hab' ich
viel von Gott entdeckt.

Martin Gutl

„Kann denn eine Frau ihr Kindlein vergessen ...?“

Die Botschaft des „zweiten Jesaja“

Schon immer ist dem aufmerksamen Leser des Buches Jesaja aufgefallen, daß mit Beginn des 40. Kapitels plötzlich eine ganze andere Sprache gesprochen wird. War vorher überwiegend vom drohenden Gericht die Rede, so jetzt vom anbrechenden Heil. Es scheint eine ganz andere Zeit angebrochen zu sein. Hatte Jesaja sich noch mit der drohenden Gefahr vor der Großmacht Assur auseinandersetzen müssen, so ist jetzt plötzlich gar keine Rede mehr davon. Vom 40. Kapitel an spielt Babylon die Hauptrolle und der aufgehende Stern des Perserkönigs Kyrus.

Diese Gründe sind es vor allem, die die Exegeten dazu bewogen haben, die Kapitel 40–55 des Jesajabuches einem „zweiten Jesaja“ (= Deuterojesaja) zuzuschreiben. Dieser Prophet hat vielleicht sogar selbst Jesaja geheißen; auch seine Sprache lehnt sich eng an die des Südreichpropheten an, so daß sich vielleicht ein Lehrer-Schüler-Verhältnis dahinter verbirgt. Vom Leben dieses „zweiten Jesaja“ wissen wir allerdings so gut wie nichts. Wir haben nur seine schriftliche Hinterlassenschaft.

Aus seinem Werk läßt sich erschließen, daß er gegen Ende des babylonischen Exils (598/586–538 v. Chr.) aufgetreten sein muß. Wenn in den sogenannten „Gottesknechtsliedern“ tatsächlich von ihm selbst die Rede ist (vgl. den folgenden Beitrag von *H. Haag*), dann hat er das Ende des Exils wohl nicht mehr erlebt.

An den Strömen von Babel, da saßen wir und weinten ...

Die Deportation der Judäer nach der Niederlage gegen die Großmacht Assur kann man sich wahrscheinlich gar nicht katastrophal genug vorstellen: katastrophal zum einen für das Selbstwertgefühl dieser Menschen, denen dadurch jede Identität genommen wurde, katastrophal aber auch für das Glaubensleben des jüdischen Volkes. All ihre Sicherheiten waren mit einem Schlag genommen. Sie, die immer geglaubt hatten, daß „das Szepter auf ewig nicht vom Haus David weichen werde“, mußten erleben, wie der heilige Berg Zion mit dem Tempel und dem Königspalast dem Erdboden gleichgemacht wurde. Hatte Jahwe, der Gott Israels, seinen Gesalbten, den König, im Stich gelassen? Oder hatte er gar nicht die Macht, ihm zur Seite zu stehen? Waren die Götter Assurs gar mächtiger als Jahwe? Solche und ähnliche Fragen werden die Deportierten im fremden Lande wohl bewegt haben.

Viele der Deportierten werden angesichts der neuen Machtverhältnisse wohl resigniert haben. Oder sie haben sich bald mit der neuen Macht arangiert. Wir wissen heute, daß die Exulanten nicht etwa in Gefangenenlagern untergebracht waren, sondern in eigenen Siedlungen zusammen wohnen konnten und daß sich bald auch Juden in einflußreichen Stellungen am Hofe und im Wirtschaftsleben fanden.

Andere werden wohl die Hoffnung nicht ganz aufgegeben haben, daß es einmal wieder eine Rückkehr in die Heimat geben wird. Der „Zion" wird für sie zum Inbegriff all ihrer Zukunftsvorstellungen. Der Verlust Jerusalems wird in Klageliedern besungen wie dem berühmten Psalm 137:

An den Strömen von Babel
da saßen wir und weinten,
wenn wir an Zion dachten.
Wir hängten unsere Harfen
an die Weiden in jenem Land.
Dort verlangten von uns die Zwingherren Lieder,
unsere Peiniger forderten Jubel:
„Singt uns Lieder vom Zion!"
Wie könnten wir singen die Lieder des Herrn,
fern, auf fremder Erde?
Wenn ich dich je vergesse, Jerusalem,
dann soll mir die rechte Hand verdorren.
Die Zunge soll mir am Gaumen kleben,
wenn ich an dich nicht mehr denke,
wenn ich Jerusalem
nicht zu meiner höchsten Freude erhebe.
(Psalm 137,1–6)

In dieser Situation, als sich die Jahre des Exils hinziehen, tritt ein Prophet auf, der „zweite Jesaja", und verkündet Unerhörtes. Er verkündet eine Zukunft des Heils in einer Situation, in der die meisten wohl schon jede Hoffnung aufgegeben haben. Das Gericht, von Jesaja eindrucksvoll verkündet, war über Juda hereingebrochen. Jetzt tritt ein „zweiter Jesaja" auf und verkündet, daß die Strafe genug sei, daß Gott Trost spenden wolle.

Tröstet, tröstet mein Volk ...

Die tröstende Botschaft der Eröffnungsverse des Buches Deuterojesaja sind sicher vielen in der Vertonung durch G. F. Händel in seinem „Messias" im Ohr:

Tröstet, tröstet mein Volk,
spricht euer Gott.
Redet Jerusalem zu Herzen
und verkündet der Stadt,
daß ihr Frondienst zu Ende geht,

daß ihre Schuld beglichen ist;
denn sie hat die volle Strafe erlitten
von der Hand des Herrn
für all Ihre Sünden.
(Jesaja 40,1 f)

Von der Gerichtsbotschaft Jesajas wird keine Silbe zurückgenommen. Nur ist jetzt die Situation anders. Das Gericht ist vollzogen, das niedergeschmetterte Volk muß neu aufgerichtet werden, die Trauernden werden endlich getröstet. Das ist es, was der „zweite Jesaja" zu verkünden als Auftrag erhält.

Doch wie soll er diese Hoffnung auf Trost in dieser trostlosen Situation begründen. Man kann sich richtig vorstellen, wie ihn die Exulanten gefragt haben, wo er denn diese Hoffnung hernehme. Schließlich sprach ja so ziemlich alles, was sie bisher erlebt hatten, gegen jede Hoffnung. Daß Gott richtet, hatten sie am eigenen Leibe erfahren müssen; daß Gott auch aufrichtet, war schon lange nicht mehr erfahrbar gewesen. Der „zweite Jesaja" muß von Gott wieder ganz neu erzählen, ja nochmals ganz von vorne beginnen.

In einem großartigen theologischen Entwurf verknüpft er Urzeit, Geschichte und Endzeit des Gottesvolkes in seinem Reden vom Schöpfer, vom Retter und vom Messias.

Der Herr ist ein ewiger Gott ...

Der „zweite Jesaja" knüpft zunächst an die Erzählungen von der Schöpfung an. Gerade in dieser Zeit, in der alles drunter und drüber zu gehen schien, war es wichtig, sich wieder auf die Schöpfungsordnung Jahwes zu besinnen. Wahrscheinlich stammt auch die erste biblische Schöpfungsgeschichte mit dem ordnenden Siebentagewerk (Gen 1,1–2,4) aus eben derselben Zeit des Exils. Der „zweite Jesaja" spricht also von Gott dem Schöpfer, der alles geschaffen hat, also viel größer sein muß, als die Großmacht Babel und deren Götter:

Wißt ihr es nicht, hört ihr es nicht,
war es euch nicht von Anfang an bekannt?
Habt ihr es nicht immer wieder erfahren
seit der Grundlegung der Erde?
Er ist es, der über dem Erdenrund thront;
wie Heuschrecken sind ihre Bewohner.
Wie einen Schleier spannt er den Himmel aus,
er breitet ihn aus wie ein Zelt zum Wohnen.
Er macht die Fürsten zunichte,
er nimmt den Richtern der Erde jeden Einfluß.
Kaum sind sie gesät und gepflanzt,
kaum wurzelt ihr Stamm in der Erde,
da bläst er sie an, so daß sie verdorren;

der Sturm trägt sie fort wie Spreu.
Mit wem wollt ihr mich vergleichen?
Wem sollte ich ähnlich sein?, spricht der Heilige.
Hebt eure Augen in die Höhe, und seht:
Wer hat die Sterne dort oben erschaffen?
Er ist es, der ihr Heer täglich zählt und heraufführt,
der sie alle beim Namen ruft.
Vor dem Allgewaltigen und Mächtigen wagt keiner zu fehlen.
(Jesaja 40,21–26)

Wenn der „zweite Jesaja" hier auf die Herrschaft Jahwes über die Sterne anspielt, so hat er damit sicher auch die Gestirngottheiten Babels im Blick, die hier wie Schäfchen vor Jahwe vorgestellt werden. Schon der erste Schöpfungsbericht hatte die Gestirne einfach nur als „Lampen" bezeichnet, die Gott ans Firmament gehängt hat.

Auch der Reichsgott Marduk, der in Babel mit prächtigen liturgischen Begehungen als Schöpfergott und Bezwinger des Chaos gefeiert wurde, wird hier im Reden von Jahwes Schöpfermacht relativiert. Wer im Glauben auf den wahren Schöpfergott Jahwe setzt, für den relativieren sich alle Mächte dieser Welt möchte der „zweite Jesaja" sagen, selbst die unheimlichsten Mächte und Gewalten.

Doch ist Jahwe nicht nur ein ewiger Gott von Urzeit an, sondern auch Herr der Geschichte.

So spricht der Herr, der einen Weg durchs Meer bahnt

Der „zweite Jesaja" knüpft nicht nur bei Erzählungen von Jahwes Schöpfermacht an. Er erinnert sein Volk auch an die eigene Geschichte, an die Rettungstaten, die Jahwe immer wieder vollbracht hat, verdichtet im Urereignis des Exodusgeschehens. So wie Jahwe damals sein Volk aus der Knechtschaft befreit hat, wo wird er sich auch diesmal seines Volkes erbarmen, ja er wird noch mehr tun. Eigentlich, so sagt der „zweite Jesaja", wird das, was jetzt kommt, mit früher gar nicht vergleichbar sein. Alles frühere kann man gegenüber dem Neuen, was Jahwe jetzt vollbringen will, vergessen:

Ich bin der Herr, euer Heiliger,
euer König, Israels Schöpfer.
So spricht der Herr, der einen Weg durchs Meer bahnt,
einen Pfad durch das gewaltige Wasser,
der Wagen und Rosse ausziehen läßt,
zusammen mit einem mächtigen Heer;
doch sie liegen am Boden und stehen nicht mehr auf,
sie sind erloschen und verglüht wie ein Docht.
Denkt nicht mehr an das, was früher war;
auf das, was vergangen ist, sollt ihr nicht achten.

Seht her, nun mache ich etwas Neues.
Schon kommt es zum Vorschein, merkt ihr es nicht?
Ja, ich lege einen Weg durch die Steppe
und Straßen durch die Wüste.
Die wilden Tiere werden mich preisen,
die Schakale und Strauße,
denn ich lasse in der Steppe Wasser fließen
und Ströme in der Wüste,
um mein Volk, mein erwähltes, zu tränken.
Das Volk, das ich mir erschaffen habe,
wird meinen Ruhm verkünden.
(Jesaja 43,15–21)

Ganz in den Bildern der Exoduserzählung verkündet der „zweite Jesaja“ die Zukunft seines Volkes: die Erinnerung an das Schilfmeerwunder, der Weg durch die Wüste, das Wasserwunder. Und doch, heißt es, wird alles nochmals ganz anders werden. War der erste Exodus noch mit einem entbehrungsreichen Weg verknüpft gewesen, so wird er diesmal eine wahre Freude sein:

Auf allen Bergen werden sie weiden,
auf allen kahlen Hügeln finden sie Nahrung.
Sie leiden weder Hunger noch Durst,
Hitze und Sonnenglut schaden ihnen nicht.
Denn er leitet sie voll Erbarmen
und führt sie zu sprudelnden Quellen.
Alle Berge mache ich zu Wegen
und alle meine Straßen werden gebahnt sein.
(Jesaja 49,9–11)

Genau betrachtet, tut der „zweite Jesaja“ mit seiner Verkündigung dieses „Neuen“ die ganze „alte“ Geschichte, auch den alten Exodus, ab. Er traut Jahwe nochmals ganz andere Möglichkeiten zu, als die Geschichte sie bisher gezeigt hat. Es ist ja interessant festzustellen, daß der „zweite Jesaja“ in seinem Reden vom geschichtsmächtigen Gott nicht etwa beim Königtum ansetzt. Er verkündet keinen neuen David und erwartet sich von einer Restauration des Königstums keine Zukunft für sein Volk. Er knüpft in der vorstaatlichen Zeit an und erhofft sich offensichtlich auch ein nichtstaatliches Israel für die Zukunft, ein Gottesvolk, das wirklich nur Jahwe zum Herren hat. Gerade in diesem Punkt berührt sich die Verkündigung des „zweiten Jesaja“ auch ganz eng mit der Botschaft Jesu vom „Reich Gottes“. Wo Gott König ist, da gibt es keine anderen Herren. Kein anderes alttestamentliches Buch spricht so häufig von Gott als dem „König“ – von den Psalmen abgesehen. Doch bleibt dieses Königtum allein Gott vorbehalten. Die Geschichte Israels mit seinen Königen ist ein für alle Mal gescheitert in den Augen des „zweiten Jesaja“. Die Zukunft wird nicht in den Händen eines neuen Königs liegen.

Doch Jahwe wird sich einen „Gesalbten", einen Messias ausersehen, der die Zukunft heraufbringen wird. Auch diese Bezeichnung „Gesalbter" war lange Zeit allein dem König vorbehalten gewesen. Um so größer wird die Provokation gewesen sein, wenn der „zweite Jesaja" den „Gesalbten des Herrn" beim Namen nannte: Kyrus, der König der Perser.

Der Messias des Herrn

Die Befreiung aus dem Exil wird der Perserkönig bringen. Das ist eine historische Tatsache geworden. Doch die Deutung, die der „zweite Jesaja" diesem für ihn noch zukünftigen Ereignis gibt, ist außergewöhnlich:

So spricht der Herr zu Kyrus, seinem Gesalbten,
den er an der rechten Hand gefaßt hat,
um ihm die Völker zu unterwerfen, um die Könige zu entwaffnen,
um ihm die Türen zu öffnen und kein Tor
verschlossen zu halten:
Ich selbst gehe vor dir her
und ebne die Berge ein.
Ich zertrümmere die bronzenen Tore
und zerschlage die eisernen Riegel.
Ich gebe dir verborgene Schätze
und Reichtümer, die im Dunkel versteckt sind.
So sollst du erkennen, daß ich der Herr bin,
der dich bei deinem Namen ruft, ich, Israels Gott.
(Jesaja 45,1–3)

Man stelle sich das einmal vor. Da wird den Deportierten das Heil verkündet und ein wildfremder Nichtisraelit, ein Ungläubiger, wird von Jahwe als Werkzeug auserkoren, erhält einen Auftrag als „Gesalbter", als Messias. Daß eine solche Verkündigung unter den gegebenen Umständen in Babel für einen Propheten lebensgefährlich gewesen sein dürfte, braucht wohl nicht eigens ausgeführt zu werden. Doch auch für alle Glaubenden muß das eine ungeheure Provokation gewesen sein. Daß Gott sich aus einem fremden Volk den Messias sucht, ist einfach unvorstellbar. Und doch war es letztlich der Perserkönig Kyrus, der die Hoffnung auf Heimkehr erfüllte, der den Traum wahr werden ließ:

Wie willkommen sind auf den Bergen
die Schritte des Freudenboten,
der Frieden ankündigt,
der eine frohe Botschaft bringt und Rettung verheißt,
der zu Zion sagt: Dein Gott ist König.
Horch, deine Wächter erheben die Stimme,
sie beginnen alle zu jubeln.
Denn sie sehen mit eigenen Augen,
wie der Herr nach Zion zurückkehrt.

Brecht in Jubel aus, jauchzt alle zusammen,
ihr Trümmer Jerusalems!
Denn der Herr tröstet sein Volk,
er erlöst Jerusalem.
(Jesaja 52,7–9)

Der „zweite Jesaja" hat die Heimkehr der Deportierten selbst wohl nicht mehr miterlebt, er scheint vorher eines gewaltsamen Todes gestorben zu sein. Ob er Kyrus noch immer als Messias angesehen hätte, nachdem dieser Babel erobert hatte, wissen wir nicht. Vielleicht wäre er auch enttäuscht gewesen. Doch ändert das nichts an seiner prophetischen Weitsicht. Nicht jeder vermag die „Zeichen der Zeit" so zu deuten wie ein Prophet. Und diese Gabe, weiter und tiefer zu sehen als andere Menschen, hat ihm auch ein Gottesbild eröffnet, wie es wohl nur einem Propheten zu erkennen möglich ist, der um seiner Botschaft willen leiden muß.

Gott ist König

Vom Königsein Gottes war bereits die Rede. Dieses Prädikat „König" für Gott zu gebrauchen, mag heute nicht mehr ganz so einsichtig sein, wie es vielleicht früher einmal war. Doch stand hinter diesem Königstitel die Idealvorstellung einer Heilsgestalt, die ein Reich des Friedens und der Gerechtigkeit aufrichtet, die die Menschen in diesem Herrschaftsbereich wirklich Mensch sein läßt. Daß dieses Ideal nicht immer der Wirklichkeit entsprach, war auch den damaligen Menschen durchaus bewußt. Das Israels Könige das in sie gesetzte Vertrauen mißbraucht und schließlich auf der ganzen Linie versagt hatten, war den Deportierten nur allzu bewußt. Und trotzdem konnte der „zweite Jesaja" vom Königsein Gottes reden ohne mißverstanden zu werden. Von Gott wurde (wieder) genau das erwartet, was die Könige Israels nicht zu leisten vermocht hatten, weil kein Mensch es zu leisten vermag: er setzt seine Macht einzig und allein *für* sein Volk ein und bewährt darin seine unverbrüchliche Bundestreue. Und er entreißt sein Volk mit starkem Arm dem Chaos der Geschichte und schenkt ihm neues Leben. Dieses neue Leben wird schon gesehen als Vorausgeschmack auf die Königsherrschaft Gottes, die am Ende der Tage erwartet wird.

Genau da hat auch Jesus von Nazaret in seiner Verkündigung angeknüpft indem er den Anbruch der Königsherrschaft Gottes verkündete und sie schon gegenwärtig erfahrbar machte. In der Begegnung mit Jesus wurde das Erbarmen Gottes Gegenwart: ein Vorgeschmack auf den „neuen Himmel" und die „neue Erde".

Gott ist Mutter

Ist es verwunderlich, daß uns der „zweite Jesaja" in seinen tröstenden Worten Gott sehr „mütterlich" vor Augen stellt?

Kann denn eine Frau ihr Kindlein vergessen,
eine Mutter ihren leiblichen Sohn?
Und selbst wenn sie ihn vergessen würde:
ich vergesse dich nicht.
(Jesaja 49,15)

Das Erbarmen Gottes (der Hebräer gebraucht dafür das Wort „Mütterlichkeit“), das der „zweite Jesaja“ den Deportierten verkündet, wird hier in einem eigenen Gleichnis ausgedrückt. Es sei hier nur erinnert daran, daß Jesus auf sich selbst im Matthäusevangelium ein solches Muttergleichnis verwendet:

Wie oft wollte ich deine (Jerusalems) Kinder um sich sammeln,
so wie eine Henne ihre Küken unter ihre Flügel nimmt;
aber ihr habt nicht gewollt.
(Matthäus 23,37)

Die „Mütterlichkeit Gottes“, die auch Jesus vorgelebt hat, hat – mit Ausnahme der Worte Johannes Pauls I. – in die kirchliche Verkündigung bis heute kaum Eingang gefunden. Was die einseitige Verkündigung eines „Vatergottes“ teilweise für Trostlosigkeit hervorgebracht hat, braucht an dieser Stelle wohl nicht eigens erörtert werden. Der Wille zu einer unverkürzten Weitergabe der Gottesbotschaft hätte eine so einseitige Verkündigung jedenfalls niemals zulassen dürfen.

Gott ist Gemahl

Ein weiters Bild gebraucht der „zweite Jesaja“ für Gott: das des „Gemahls“. Hatten sich die Deportierten in der Verbannung gefühlt wie eine verlassene Frau, wie eine Kinderlose, wie eine verstoßene Geliebte, so verkündete der „zweite Jesaja“ die Rückkehr des Gemahls, Jahwe wird sich seines Volkes wieder annehmen:

Dein Schöpfer ist dein Gemahl,
„Herr der Heere“ ist sein Name.
Der Heilige Israels ist dein Erlöser,
„Gott der ganzen Erde“ wird er genannt.
Ja, der Herr hat dich gerufen
als verlassene, bekümmerte Frau.
Kann man denn die Frau verstoßen,
die man in der Jugend geliebt hat?,
spricht dein Gott.
(Jesaja 54,5 f)

Wie in einer Liebesbeziehung unter Menschen wird hier das Verhältnis zwischen Jahwe und seinem Volk geschildert: Jahwe kehrt zu seiner „alten Liebe“ zurück.

Und doch ist damit ein Versprechen verbunden, wie es Menschen wohl kaum zu halten imstande wären:

Wie in den Tagen Noachs soll es für mich sein:
So wie ich damals schwor,
daß die Flut Noachs die Erde nie mehr überschwemmen wird,
so schwöre ich jetzt, dir nie mehr zu zürnen
und dich nie mehr zu schelten.
Auch wenn die Berge von ihrem Platz weichen
und die Hügel zu wanken beginnen –
meine Huld wird nie von dir weichen
und der Bund meines Friedens nicht wanken,
spricht der Herr, der Erbarmen hat mit dir.
(Jesaja 54,9 f)

Wenn man bedenkt, daß hier einer – um im Bilde der Liebesbeziehung zu bleiben – zurückkehrt, der bitter enttäuscht worden ist, der betrogen wurde, denn kann man wohl erst recht ermessen, welches Bild von Gott uns der „zweite Jesaja" vor Augen stellt. Wer so verzeihen kann, wer immer wieder zur Vergebung fähig ist, wer nicht nachträgt, der macht ein klein wenig von dem sichtbar, was Gottes Liebe zu seinen Menschen heißt.

Jesus und der „zweite Jesaja"

Spätestens hier wird die Berührung der Botschaft des „zweiten Jesaja" mit der Botschaft Jesu so augenscheinlich, daß dazu noch kurz etwas gesagt werden muß:

In den ersten christlichen Gemeinden haben vor allem die Worte dieses Propheten eine ungemein wichtige Rolle gespielt. Vielleicht hat schon Jesus selbst sein Leiden und Sterben mit den Worten des „zweiten Jesaja" gedeutet, hat er sein Schicksal im Schicksal dieses Propheten (wie es uns die „Gottesknechtslieder" wohl vor Augen stellen) vorgezeichnet gesehen. Spätestens jedoch seine Jünger und die ersten Gemeinden haben das Schicksal Jesu von den Worten dieses Propheten her verstanden. Und noch heute kann man die sogenannten „Gottesknechtslieder" nicht lesen, ohne dabei an das Leiden und Sterben Jesu von Nazaret erinnert zu werden.

Auch das Gottesbild dieses „zweiten Jesaja" ist dem des von Jesus verkündigten barmherzigen Gottes so nahe, daß es eigentlich all jene vorsichtig machen müßte, die noch immer ihre Vorurteile vom „Gott des Alten Testamentes" haben. Für uns Christen stellen die Worte des „zweiten Jesaja" eine ungeheuer wichtige Brücke dar zur Heiligen Schrift unserer jüdischen Schwestern und Brüder. Sie haben als ganzes Volk allzuoft das Schicksal dieses Propheten teilen müssen. Sie durften aber auch Erfahrungen mit ihrem Gott machen, die manch anderem versagt blieben, Erfahrungen mit dem Gott, von dem uns der „zweite Jesaja" und Jesus von Nazaret so übereinstimmend erzählen.

Dieter Bauer

Ohne Umwege

Von Blick zu Blick,
von Hand zu Hand,
von Mensch zu Mensch.
Von mir zu dir:
Gibt es einen kürzeren Weg
zu Dir, o Gott?

Martin Gutl

Der Gottesknecht

Sein Sterben und Leben

Im zweiten Teil des Jesajabuches – dem „Deuterojesaja“ – wird in vier Texten (42,1–4; 49,1–6; 50,4–9; 52,13–53,12) das tragische Schicksal eines Propheten geschildert, dessen Namen wir nicht kennen. Er selbst nennt sich schlicht „Knecht“, „Gottesknecht“. Er war um 540 v. Chr. unter den verbannten Judäern in Babylonien als Prophet aufgestanden und hatte seinen Landsleuten angekündigt, der Perserkönig Kyros werde bald der Weltmacht Babel das Ende bereiten und ihnen die Heimkehr nach Jerusalem erlauben. Aber statt für diese tröstliche Botschaft Dank zu ernten, stößt er auf Widerstand und Feindseligkeit. Er wird vor die Gemeindeversammlung zitiert, wo Gewalt vor Recht geht. Man spuckt ihm ins Gesicht und züchtigt ihn mit Stockschlägen. Aber noch immer hofft er, Gott werde seine Sache zu einem guten Ende führen. In sein Haus zurückgekehrt, kann er noch mit eigener Hand schreiben: „Jahwe, der Herr, hilft mir.“ Und während er für sich das Heil erwartet, kündigt er seinen Widersachern das Verderben an: „Seht, sie alle zerfallen wie ein Gewand, das die Motten zerfressen“ (50,7–9). Das sind die letzten Worte, die der Gottesknecht uns hinterlassen hat. Hat er recht bekommen? Hat sich sein Vertrauen auf Gott ausbezahlt? Offenbar nicht, sonst wären es ja nicht seine letzten Worte.

Das vierte Lied vom Gottesknecht

In der folgenden Szene – es ist das vierte Gottesknechtlied – finden wir die Jünger im Gedenken an ihren dahingegangenen Meister versammelt. Noch einmal lassen sie das furchtbare Geschehen an ihrem Auge vorüberziehen, versuchen es zu begreifen und von Gott her zu deuten. Dabei erkennen sie eines mit tiefgläubigem Sinn: Alles stand in Gottes Plan. Sein Walten – sein „Arm“, wie der biblische Mensch bildhaft sagt – hat sich darin geoffenbart:

> Wer hätte dem geglaubt, was wir verkünden,
> und Jahwes Arm – für wen ward er enthüllt? (53,1)

Die kommenden Geschlechter werden in gleicher Weise darüber staunen wie die Jünger:

So wie sich viele entsetzten ob ihm,
so werden viele Völker ob ihm staunen
und Könige ob ihm verstummen.
Denn was man ihnen nie erzählt, das sehen sie,
und was sie nie gehört, des werden sie gewahr. (52, 14 f)

So reden die Jünger. Sie erzählen es sich gegenseitig, und während sie es erzählen, beginnen sie es auch zu begreifen und wird ihnen wohler ums Herz. Wir werden etwa an die Jünger im Evangelium erinnert, die am Ostertag nach Emmaus wanderten und über alles, was geschehen war, miteinander redeten und sich besprachen (Lk 24,14 f).

Wie hatte denn alles begonnen? Obwohl offenbar von vornehmer Herkunft, fällt auf den Knecht doch alsbald der Schatten von Schmach und Verachtung:

Denn er wuchs auf vor Ihm, dem Sprosse gleich,
wie die Wurzel aus dem dürren Land. (53,2a)

Deutlich wird auf eine frühere Stelle im Jesajabuch (Kap. 11) angespielt. Dort ist von einem Reis die Rede, das hervorgeht aus dem Baumstumpf Isais, des Vaters Davids. Der Knecht wird damit als Nachkomme Davids bezeichnet, als Repräsentant der davidischen Dynastie. Aber diese ist zur Zeit unseres Propheten längst dahin. So ist denn der Knecht jeden Glanzes entkleidet. Sein äußeres Erscheinungsbild kennzeichnet ihn – jedenfalls in den Augen der Menschen – keineswegs als einen Erwählten des Herrn. Er wird verglichen mit einer Wurzel aus dem dürren Land. Aus der Wüstensteppe kann gewiß nur ein magerer, armseliger Schoß hervorgehen. Aber mit Bedacht wird vermerkt, dieser Schoß sei „vor Ihm“ aufgewachsen, vor Gott. Hinter dem Schicksal des Knechts steht Gottes Ratschluß.

Seine Gestalt

Während man sich nach einem schönen Menschen, dem man zufällig begegnet, nochmals bewundernd, ja fasziniert umschaut, bietet der Knecht ein so abstoßendes Bild, daß die Mitmenschen von ihm den Blick abwenden:

Gestalt war nicht an ihm und Schönheit,
daß wir nach ihm geschaut,
kein Anblick,
daß wir seiner begehrten. (53,2b)

Man wendet nicht nur den Blick von ihm ab, man verschließt sogar die Augen vor ihm, man legt sich eine Hülle vors Gesicht, um ihn nicht zu sehen, wie der Text in bildhafter Sprache sagt:

Verachtet und gemieden von den Menschen,
ein Mann der Schmerzen, mit Krankheit vertraut.
Wie einer, vor dem man sein Antlitz verhüllt,
verachtet, und er galt uns nichts. (53,3)

Nachdrücklich wird dem Knecht die Schönheit abgesprochen. Dabei müssen wir uns vor Augen halten, daß nach biblischer Vorstellung körperliche Schönheit ein Zeichen göttlicher Huld war. Deshalb wird von erwählten Menschen, vorab Frauen, aber auch von Männern wie Josef, Mose, David hervorgehoben, sie seien schön gewesen. Wenn beim Knecht die Schönheit in Häßlichkeit umgeschlagen hat, kann dies nur bedeuten, daß Gott ihn verworfen hat:

Wir aber hielten ihn für den Gestraften,
von Gott geschlagen und gebeugt. (53,4a)

Sein Leiden und Sterben

„Wir" – so sprechen die Jünger des Propheten. Aber sie meinen damit nicht nur sich selbst, nicht einmal zuerst sich selbst, vielmehr „die Leute", wie wir sagen würden, die Stimme des Volkes, die öffentliche Meinung. So hat „man" über den Knecht geredet und geurteilt: Gott hat sich von ihm losgesagt, ein Beweis, daß er auf dem falschen Weg war. Daß nicht *er* der Sünder war, sondern *sie;* daß er nicht um *seiner,* sondern um *ihrer* Sünden willen so leiden mußte, begreifen sie erst im nachhinein:

Doch wahrlich: *unsere* Krankheit, *er* hat sie getragen,
und *unsere* Schmerzen, die hat *er* geschleppt.
Er ward durchbohrt um *unserer* Sünden willen,
zerschlagen wegen *unserer* Missetat.
Für *unser* Heil lag Züchtigung auf *ihm*,
durch *seine* Striemen wurden *wir* geheilt.

Worin das Leiden des Knechts bestand, wird mehr angedeutet als näher bezeichnet. Wegen seines abscheulichen Aussehens, deshalb er von den Menschen verachtet und gemieden wird, haben viele Ausleger an Aussatz gedacht. Jedoch müssen wir uns hüten, die einzelnen Aussagen allzu buchstäblich zu deuten. Da ist von Krankheit und Schmerzen die Rede, dann aber auch wieder von Züchtigung und von Striemen. Schließlich aber wird unmißverständlich gesagt, der Knecht sei aufgrund eines Gerichtsverfahrens getötet worden. Er sei durchbohrt worden, hören wir, zur Schlachtbank geführt, aus Haft und Gericht hinweggenommen, zu Tode getroffen. Er starb nicht eines natürlichen Todes an einer Krankheit, er starb vielmehr – wie manche seiner Vorgänger im Prophetenamt – eines gewaltsamen Todes.

Der Tod des Propheten

Daß ein Prophet sterben mußte, war ja nichts Neues. Das umstürzend Neue ist vielmehr die Deutung, die die Jünger für seinen unschuldigen Tod finden: es war ein stellvertretender Tod. Es war nicht der Tod, den der *Gottesknecht* verdiente, den vielmehr seine *Mitmenschen* verdient hatten und den er *für sie* starb. In einer gnadenhaften Erleuchtung wird den Jüngern des Propheten die Gewißheit zuteil, daß ihr Meister *unschuldig* starb, aber nicht umsonst, daß aus seinem Sterben Leben erwachsen sollte.

Wir alle liefen irr, wie Schafe,
ein jeder ging nur seinen eigenen Weg (53,6a),

so charakterisieren sie weniger sich selbst als das allgemeine Verhalten ihrer Mitmenschen. Sie vergleichen deren Leben mit dem verlorener Schafe: es ist ein zielloses Herumlaufen. „Ein jeder ging nur seinen eigenen Weg“, dachte nur an sich, hatte kein Auge für die Mitmenschen und für die Gemeinschaft. Da werden keine himmelschreienden Sünden aufgezählt, und doch wird ein solches Verhalten, dieses bloße „an sich Denken“, als *Schuld* bezeichnet, für die der Gottesknecht sich opfert:

Ihn jedoch ließ Jahwe treffen
unser aller Schuld. (53,6b)

„Unser – aller – Schuld“: die Schwere der Schuld ist sogar sprachlich wahrnehmbar. Die ungezählten Sünden der einzelnen entladen sich, nach einem geheimen Ratschluß Jahwes, auf den Knecht wie eine einzige große Menschheitssünde. Wir werden an das Johannes-Evangelium erinnert, wo der Täufer Jesus das Lamm Gottes nennt, „das *die Sünde* der Welt hinwegnimmt“ (1,29). Vermutlich ist dieses evangelische Wort von unserem Text beeinflußt. Vom schuldlosen Lamm ist gleich nachfolgend die Rede:

Da er gequält ward, hat er sich gebeugt
und seinen Mund nicht aufgetan,
dem Lamme gleich, das man zur Schlachtung führt,
und wie ein Schaf verstummt vor denen, die es scheren. (53,7)

Der Knecht nimmt die Prüfung ergeben hin und erweist damit seine Unschuld. Das ist nicht selbstverständlich. Wie haben doch etwa ein Jeremia und ein Ijob sich gegen das unverdiente Leid aufgebäumt und mit Gott gehadert! Was dem Knecht widerfuhr, wird nun in aller Offenheit ausgesprochen:

Aus Haft und Gericht ward er hinweggenommen,
und sein Geschick: wer kümmert sich darum?
Er wurde ja vertilgt vom Lande der Lebendigen,
zu Tode getroffen für seines Volkes Frevel. (53,8)

Der Knecht ist das Opfer eines Gerichtsverfahrens geworden. Dieses endet mit seiner Hinrichtung: er wird „hinweggenommen", das heißt zum Tode abgeführt. Er endet wie ein gemeiner Verbrecher, darum kümmert sich auch weiter niemand um ihn. In Wirklichkeit aber betrifft sein Tod das ganze ahnungslose Volk: er stirbt ihn nicht für sich, vielmehr „für seines Volkes Frevel".

Indes bleibt dem Knecht an Erniedrigung auch das Letzte nicht erspart: gestorben wie ein gemeiner Verbrecher, wird er auch wie ein solcher begraben.

Und bei den Frevlern gab man ihm sein Grab
und bei den Prassern seine Gruft,
wiewohl er nie Gewalttat übte
und kein Trug in seiner Rede war. (53,9)

Indem der Schuldlose mit den Schuldigen in der gleichen Grube liegt, vollendet sich seine Solidarität mit ihnen, sein Einstehen für sie.

Die Wende

Mit dem schmachvollen Ende des Knechts kündet sich aber auch schon die Wende an. Mit dem Tod ist sein Wirken nicht abgeschlossen, im Gegenteil: jetzt erst erbringt es seine Frucht.

Doch Jahwe gefiel es, mit Krankheit ihn zu zerschlagen.
Wenn er sein Leben als Schuldopfer hingab,
wird er Samen sehen, lange leben.
und Jahwes Plan gelingt durch ihn. (53,10)

„Jahwe gefiel es": der Name Gottes steht betont an der Spitze der Aussage. Das Schicksal des Knechts, das die Leute als stumme Zuschauer verfolgt haben, ist nicht einem blind waltenden Schicksal zuzuschreiben, sondern dem Willen Gottes. Dafür aber wird dem Knecht eine Belohnung verheißen: „er wird Samen sehen, lange leben." Langes Leben und Nachkommenschaft sind für biblisches Denken die großen Segnungen, mit denen Gott seine Getreuen belohnt. Da aber vorher von der Hinrichtung des Knechts die Rede war, kann langes Leben für ihn nur Rückkehr zum Leben bedeuten. Wie sollen wir aber die Verheißung verstehen, der Knecht werde „Samen" sehen? Von leiblicher Nachkommenschaft verstanden würde das bedeuten, daß der Knecht auferstünde, und zwar nicht, wie wir Christen es von Jesus glauben, zu einem Leben in einer *anderen* Welt, sondern zu einem normalen menschlichen Leben in *dieser* Welt. Daß die Jünger des Propheten damit rechneten, ist jedoch höchst unwahrscheinlich. Wie sie sich den Triumph ihres Meisters vorstellen, macht der folgende Vers deutlich:

Ob seines Leidens wird er Licht schauen
und satt werden durch sein Wissen.
Gerecht machen wird mein Knecht die Vielen,
und ihre Missetaten: er wird sie tilgen. (53,11a)

Ein Zweifaches wird hier dem Knecht zugesagt: er werde das Licht schauen, und er werde satt werden durch sein Wissen. Die erste Aussage ist leicht verständlich. „Licht schauen" bedeutet in der Sprache der Bibel so viel wie „leben". Der Knecht werde das Licht schauen heißt demnach nichts anderes, als er werde weiterleben. Was aber sollen wir anfangen mit der Aussage, der Knecht werde satt werden durch sein Wissen? In unserem Zusammenhang kann damit nur gemeint sein: Was der Knecht über seinen Tod hinaus erfährt, wird ihn sättigen, es wird die schönste Erfüllung seines Lebens sein. Worin diese Erfüllung besteht, wird gleich anschließend gesagt:

Gerecht machen wird mein Knecht die *Vielen*,
und ihre Missetaten: er wird sie tilgen. (53,11b)

Die „Vielen" werden in diesem Lied mehrmals mit großem Nachdruck genannt. „Viele" stehen im biblischen Sprachgebrauch oft für „alle", jedenfalls für eine Gesamtheit, sei es eine Gruppe, sei es ein Volk, sei es die Völkerwelt. In das Wirken und Leiden des Gottesknechts waren in den Liedern immer beide einbezogen: sein eigenes Volk, aber auch die fernen Völker, zu deren Licht der Herr ihn bestimmt hat. Sie alle sollen durch sein Leiden zu Gerechten werden. Das Wort „gerecht" hat in der Bibel eine fast grenzenlose Bedeutungsvielfalt und ist deshalb auch schwer zu umschreiben. Der Gerechte, der *Zaddik* auf hebräisch, ist nicht nur der, der jedem gibt, was ihm zusteht; nicht nur der, der kein Unrecht tut. Es ist in einem viel weiteren Sinn der Unbescholtene, der Rechtschaffene, der Redliche, der Liebevolle, der Gläubige, der sich der Weltordnung Gottes unterwirft und deshalb nicht nur mit seinen Mitmenschen, sondern vor allem mit Gott im Reinen ist. Daß der Knecht die Vielen zu Gerechten macht, besagt demnach, daß durch ihn nicht nur Israel neu zu seinem Gott hinfindet, vielmehr auch die Völkerwelt zu dem einen wahren Gott. Es geht um eine religiöse Neuordnung der Welt. Der Knecht bestimmt das geistige Gesicht der Menschheit in einer Weise, wie sie bisher noch nie von einem Menschen ausgesagt worden war. Der letzte Vers des Liedes spricht das nochmals großartig aus:

Darum gebe ich ihm das Erbe bei den Großen,
und mit den Starken teilt er die Beute,
dafür, daß er sein Leben in den Tod dahingab,
sich zu den Frevlern zählen ließ,
da er doch die Sünden vieler trug
und für die Frevler bittend eintrat. (53,12)

Der Knecht wird mit den „Großen“ erben und mit den „Starken“ die Beute teilen. Mit den „Großen“ und „Starken“ sind die gewaltigen Eroberer des Alten Orients gemeint, vor allem Kyros, auf den in den Liedern mehrfach angespielt wird und der das größte Weltreich schuf, das die alte Welt kannte. Der Knecht wird somit ein Reich gründen, das sich über die ganze Welt erstreckt, das aber, nach dem ganzen Zusammenhang, ein *geistiges* Reich sein wird, ein Reich, das nicht von *dieser* Welt ist.

Das sind große Worte. Und doch können wir es uns nicht versagen, skeptisch zu fragen, was aus diesem Reich des Knechts geworden sei, was heute davon zu sehen sei – die Aussagen zielen ja auf eine ferne Zukunft.

Der Gottesknecht lebt!

Die dem Gotteskecht gegebenen Verheißungen haben sich dann erfüllt, wenn er weiterlebt in seinem Volk, dem jüdischen Volk, und wenn er weiterlebt im Glauben der Völker.

Das *jüdische* Volk: daß es bis heute überlebt hat, verdankt es entscheidend dem Gottesknecht. Denn im babylonischen Exil mußten die Juden lernen, ohne Tempel und ohne Opfer Gottesdienste zu halten, Wortgottesdienste, wie wir heute sagen würden. Aus den Predigten, die unser Prophet den jüdischen Gemeinden in Babylonien hielt – vermutlich hat er sie reihum besucht – ist der Synagogengottesdienst hervorgegangen. Als die Juden aus Babylonien in die Heimat zurückkehrten, wurde die Synagoge dort zur festen Einrichtung, verbreitete sich aber darüber hinaus mit dem jüdischen Volk über die ganze Welt. Es ist nicht übertrieben zu sagen, die Synagoge habe das Judentum bis heute erhalten. Der Gottesknecht lebt!

Indes hat der Knecht sich auch, ja vorrangig, als Prophet *für die Völker* und als Gründer einer Weltreligion verstanden. Wenn er nicht müde wird zu predigen, es gebe außer Jahwe keinen Gott, dann dürfen wir in ihm den Begründer des Eingottglaubens, des Monotheismus sehen, den das Christentum vom Judentum und der Islam von beiden übernommen hat. Hier liegt die eigentliche Frucht seines Zeugnisses, das er mit seinem Tod besiegelt hat. So lebt der Gottesknecht weiter im Glauben der Völker. Zwar stellen die Juden, Christen und Muslime, die sich heute im Monotheismus einig sind, nicht die Hälfte der Weltbevölkerung dar, und in wie vielen dieser Glaube lebendig ist, ist nochmals eine andere Frage. Aber hat nicht Jesus das Reich Gottes mit einer Saat verglichen, deren Wachsen und Reifen wir mit Gelassenheit erwarten sollen (Mk 4,26–29)? Jesus spricht aber auch vom Weizenkorn, das in die Erde fallen und sterben muß, um viele Frucht zu bringen (Joh 12,24). Er selbst ist vom Sterben zum Leben gegangen, aber er hat diesen Weg als den seinen erkannt und gefunden in den Schriften der Propheten, mit denen er täglich umging, im Sterben und Leben des Gottesknechts.

Herbert Haag

Postscriptum

Was ich noch sagen wollte
Wenn ich Dir
einen Tip geben darf
Ich meine
Ich bitte Dich
um alles in der Welt
und wider besseres Wissen:

Halte Dich nicht schadlos
Zieh den kürzeren
Laß Dir etwas
entgehn

Eva Zeller

„Die Hand des Herrn – zu kurz, um zu helfen?“

Die Zeit Tritojesajas und sein Buch

Die große Not der Deportation hatte den kleinen Nöten des Wiedereinlebens und des Aufbaus Platz gemacht“ und „die Verheißungen Deuterojesajas standen ... noch unerfüllt über Israel“: so beschreibt Gerhard von Rad die Situation der frühnachexilischen Gemeinde, und diese Zeit, wahrscheinlich das letzte Drittel des 6. Jahrhundert v. Chr., wird von Tritojesaja (Jes 56–66) vorausgesetzt. Das gilt wohl am ehesten für den „Kern“ der Botschaft Tritojesajas Kap. 60–62, sodann 57,14–20; 65,16b–25; 66,6–16; vielleicht auch 58,1–12; 59,1–20(21). Die Unterscheidung zwischen originären und sekundären Texten weist auf eine längere Entstehungszeit des Buches hin, mit der manche Exegeten bis in das 3. Jh. v. Chr. hinabgehen. Nicht zuletzt der vielfältige und enge Anschluß an Deuterojesaja spricht eher für die o. g. Frühdatierung und für das Verständnis Tritojesajas als eines frühnachexilischen Propheten, „dessen eigentliche Aufgabe es war, die durch Deuterojesaja ergangene Heilsbotschaft nach dem Ende des Exils und der Rückkehr einer kleinen Gruppe in einer Zeit der Enttäuschung neu zu erwecken“ (Westermann); das geschieht in – z. T. wörtlicher – Übernahme und Modifizierung deuterojesajanischer Sprüche. Was Tritojesaja mit Deuterojesaja verbindet, ist u. a. die beiden gemeinsame theologische Grundlage: „Das Wort unseres Gottes besteht für immer“ (Jes 40,8; vgl. 55,10 f). „Im Glauben an die innere Treue Jahwes, der sein einmal gesprochenes Wort voll einlösen wird, ruht letzten Endes die Eigenart der Sprache Tritojesajas. Unter diesem Glauben formt sie sich, sucht sie in neuen Zeiten so zu reden, daß die Gültigkeit alter Botschaft hörbar werde“ (Zimmerli).

Die „neuen Zeiten“ – die der frühnachexilischen Gemeinde in Jerusalem, die sich u. a. aus heimgekehrten Exulanten, der im Lande verbliebenen Bevölkerung und den „Fremden“ zusammensetzt, – sind bestimmt vor allem durch Resignation, wirtschaftliche Not, politische Unsicherheit und Schwierigkeiten innerhalb der Gemeinde, zu denen nicht zuletzt die Auseinandersetzung um die „Standortbestimmung“ der „Fremden“ (Proselyten) gehört (56,3–7; vgl. 57,19).

Den in diesen „neuen Zeiten“ Lebenden und Leidenden gilt die Botschaft Tritojesajas, der unterschiedlich charakterisiert wird: (simpler) Nachahmer – vor allem Deuterojesajas –, Schriftgelehrter, Prediger und Seelsorger, ein Prophet, „der sich ... müht, die von Deuterojesaja ausgeteilten Goldstücke in kleine Münzen umzuwechseln“ (Koch), ein Sozial- und Kulturkritiker (vgl. 58; 66), ein Apokalyptiker (vgl. 60,19 f; 65,17.25; 66,20.22–24; ein Grund für die Spätdatierung). Eine Entscheidung fällt nicht leicht; Kap. 61, das zum „Kern“ des Buches gehört, kann hier weiterhelfen. Wie u. a. die Prophetenbücher ist auch das Buch Tritojesaja eine gewachsene Größe. Der Situation Tritojesajas entsprechen die Texte, die dem Nachweis gelten von „Seht her, die Hand des Herrn ist nicht zu kurz, um zu helfen“ (59,1), die dem Zion Heil ankündigen und die innergemeindlichen Probleme ansprechen und entscheiden. Das sind die Texte, die als zum „Kern“ gehörig bereits genannt wurden. Die anderen Texte wären dann der späteren „Fortschreibung“ zuzusprechen. 56,3–7(8) – hier geht es um die Stellung der „Fremden“ in der Gemeinde – mag der Situation der Gemeinde z. T. Tritojesajas entsprechen und dem „Kern“ des Buches zuzuordnen sein; das gilt vielleicht auch für 58,13 f mit der Hervorhebung des Sabbat (vgl. 56,4.6). Kap. 63 und 64 (vgl. auch 65,16b–25; 66,1–5.18–24) schlagen eschatologische/apokalyptische Töne an und sind deshalb Tritojesaja möglicherweise abzusprechen.

Jes 56–66 ist Teil des Jesajabuches, nicht zuletzt aufgrund der diesem Buch eigenen Aktualisierung der Zionstraditionen, wenn sich hier auch einige Unterschiede feststellen lassen. „Bei Deuterojesaja war der Zion das letzte Ende der Weissagung, das Ziel der eschatologischen Heimführung; hier aber ist der Zion der Ausgangspunkt der prophetischen Gedanken, und zwar der unerlöste Zion, der immer noch wartende, der Jahwe in den Ohren liegen muß, der ihm keine Ruhe lassen darf, die immer noch ausstehende Verherrlichung der Gottesstadt zu verwirklichen“ (v. Rad).

Zur Theologie Tritojesajas

Eine Übersicht

Jahwes Macht und Erbarmen stehen im Mittelpunkt: er ist „der Hohe und Erhabene“, „der ewig Thronende“ (57,15), alles hat er gemacht und gehört ihm (66,2). „Als Heiliger wohne ich in der Höhe, aber ich bin auch bei den Zerschlagenen“ (57,15; vgl. 61,1–3; 66,2). Sein großes Erbarmen zeigt sich in der Tröstung der Betrübten (57,18; 61,2): „Wie eine Mutter ihren Sohn tröstet, so tröste ich euch; in Jerusalem findet ihr Trost“ (66,13), – konkret in der Heimkehr der Zerstreuten nach Jerusalem (60; 62,11; 66,7 ff): „Deine Söhne kommen von fern, deine Töchter trägt man auf den Armen herbei“ (60,4) und in der Verherrlichung des Zion (vor allem 60–62). Auch die Bezeichnungen Gottes zeugen von seinem machtvollen und getreuen Erbarmen: „der Heilige Israels“ (60.9.14), „dein Retter“, „der Starke Jakobs, dein Erlöser“ (60,16; vgl. 59,20), „dein Gott“, „dein Erbauer“ (62,5; vgl. 60,19), „dein ewiges Licht“, „dein strahlender Glanz“ (60,19 f).

Der Gott, der bei den Zerschlagenen und Bedrückten ist, der das Recht liebt (61,8) und die Trauernden tröstet, begründet, ermöglicht und fordert ein entsprechendes Handeln der Jerusalemer. Auch hier geht das „Evangelium" dem „Gesetz" voraus.

Tröster der Trauernden und Armen

Die Notwendigkeit des Trostes ergibt sich aus der desolaten Situation der nachexilischen Gemeinde. Auch mit seinem Trostamt greift Tritojesaja die Botschaft Deuterojesajas auf (vgl. u. a. Jes 40,1 ff), nicht aus Mangel an Originalität, sondern in dem Glauben an die Treue Jahwes und die Zuverlässigkeit seines Wortes. Der sich und vor allem seinen Auftrag in 61,1 ff vorstellende Prophet beschreibt sein Trostamt auf der Spur vor allem des ersten und zweiten Gottesknechtliedes (Jes 42,1 ff; 49,8 f) mit Hinweis auf seine Geistbegabung (61,1 vgl. 42,1), auf seine Sendung an die, deren Herz zerbrochen ist (61,1 vgl. 42,3), und auf die Befreiung der Gefangenen und Gefesselten (61,1 vgl. 42,7; 49,9). Jahwe will nun sein Verheißungwort verwirklichen, und dieses Verheißungswort will trösten (61,2 vgl. 40,1 ff; 49,13). Dieser Trost geschieht durch eine frohe Botschaft („Evangelium") (61,1 vgl. 40,9), die zu heilen und zu befreien vermag (61,1) und der mütterlichen Liebe Jahwes entspricht (66,13). Worte, die zu Herzen gehen, können trösten (vgl. 40,1 f), vor allem aber vermag die Nähe des Tröstenden zu heilen (57,15.18 f; vgl. Jer 16,7; Ijob 42,11, auch Jes 25,6–8), wie sie vor allem in den Namen der Gemeinde zur Sprache kommt: „Die Pflanzung, durch die der Herr seine Herrlichkeit zeigt" (61,3), „Priester des Herrn", „Diener unseres Gottes" (61,6), ebenso in dem „ewigen Bund" (61,8), in der göttlichen Führung (57,18) und Zusage „Ich bin auch bei den Zerschlagenen und Bedrückten" (57,15), – eine Auslegung u. a. von Ex 3,14; 34,6; Jes 40,11; 46,3 f.

Mit den Namen der Gemeinde werden die Themen „Erwählung" und „Bund" aufgegriffen und entfaltet: alle sind „Priester des Herrn" als „Diener unseres Gottes", die dem Herrn zugehören. Wie in Ex 19,5 f meint die Rede vom „allgemeinen Priestertum" primär nicht eine Funktion, sondern eine Existenzweise. Das verbürgt Gott in einem „ewigen Bund". Die Rede vom „ewigen/immerwährenden" Bund hat ihren Ort vor allem in Zeiten der Not, in denen die Unverbrüchlichkeit des Bundes zum Problem wird (vgl. Gen 17,7.13: die priesterschriftliche Überlieferung des Abrahambundes, die sehr wahrscheinlich in der Exilszeit entstanden ist; vgl. auch Jes 55,3–5, ebenfalls exilisch).

Die Herrlichkeit des Zion

„Die Verheißungen Deuterojesajas standen ... noch immer unerfüllt über Israel" (v. Rad), auch die Heilsankündigungen in Jes 49,20 f und 54,1–3, die Jerusalem viele Kinder zusagen. Tritojesaja greift diese Zusage auf und begegnet so der Sorge seiner Zeitgenossen, „es könnte bei den kläglichen ersten Anfängen der Volkwerdung das von Deuterojesaja verheißene volle Heil also bloß eine Utopie bleiben" (Pauritsch). Bei dem Zuwachs an Kindern dachte Deuterojesaja an die Heimkehr der Exulanten; Tritojesaja (66,7–12) hat wahrscheinlich auch die „Fremden, die sich dem Herrn angeschlossen haben" (56,3 ff), im Blick, wie u. a. die Rede vom „Reichtum der Völker", den Jahwe dem Zion „wie einen rauschenden Bach zuleitet" (66,12; vgl. 66,18–21), nahelegt. Die Entscheidung zwischen Partikularismus und Universalismus wird hier zugunsten des Heilsuniversalismus gefällt, Israel und die Fremden tröstet Jahwe, „wie eine Mutter ihren Sohn tröstet" (66,13). Auch hier erinnert Tritojesaja an Deuterojesaja, der der Klage des Zion „Der Herr hat mich verlassen, Gott hat mich vergessen" mit der Gegenfrage begegnet „Kann denn eine Frau ihr Kindlein vergessen, eine Mutter ihren leiblichen Sohn?" (49,14 f) und hinzufügt: „Und selbst wenn sie ihn vergessen würde: ich vergesse dich nicht" (49,15; vgl. V. 16; Hos 11,4). Jahwe ist Mutter und Vater, wie u. a. das „Vaterunser" bei Tritojesaja (63,16; 67,7 und Kontext) deutlich macht: Jahwe als Mutter sind Mitleid, Erbarmen (63,15) und Tröstung (66,13) eigen; als Vater zeichnet er sich aus durch seinen leidenschaftlichen Eifer, seine Macht (63,15), sein Handeln als Schöpfer (64,7) und Erlöser (63,16).

Jahwe tröstet Jerusalem, indem er blickt „auf den Armen und Zerknirschten und auf den, der zittert vor seinem Wort" (66,2), – Erinnerung auch an den Gottesknecht, der das geknickte Rohr nicht zerbricht und den glimmenden Docht nicht auslöscht (Jes 42,3). Die Armen sind auch die „Randgruppen" in Israel, die nicht die vollen Rechte besitzen, z. B. die Fremden. Sie zittern vor Jahwes Wort und halten sich daran, sie nähern sich Jahwe und kommen zu ihm (Jes 41,5: hier „die Inseln" und „die Enden der Erde").

Dem Zion gelten auch die Heilsankündigungen und Heilsbeschreibungen in Kap. 60 und 62. In Kap. 60 sind „Licht" (VV. 1.2.19 f), „Herrlichkeit" (VV. 1,2) und „verherrlichen" (VV. 7.9.13.21) die Schlüsselwörter, die Jahwes heilvolles Wirken am Zion ansagen und darstellen. Vielleicht wurde Jahwe in Jerusalem als „Licht Israels" bezeichnet und gefeiert (vgl. Jes 10,17). Wenn Jahwe „dein ewiges Licht" ist, dann „sind zu Ende deine Tage der Trauer" (V. 20; vgl. die Bitte für die Verstorbenen „. . .und das ewige Licht leuchte ihnen!").

Mit dem „Licht" wird die „Herrlichkeit" Jahwes verknüpft, durch die er den Menschen erfahrbar wird in Natur, Geschichte und Gottesdienst. Jahwe verherrlicht sich bzw. zeigt seine Herrlichkeit (V. 21), indem er sein Haus, den Platz wo seine Füße ruhen (V. 13; vgl. Ez 53,7; Jes 66,1), und sein Volk (VV. 9.21; vgl. Jes 55,5) verherrlicht, nicht zuletzt durch die Heimkehr der Zerstreuten (VV. 4.9) und den Reichtum der Völker (VV. 5–9.11.13.17), der dem Gottesdienst und der Ausstattung des Tempels dient (VV. 7.13). Es geht also primär nicht um die Bereicherung der Jerusalemer, sondern um Jahwes Handeln am Zion (vgl. VV. 6 f.10.13–15), so daß man Jerusalem „die

Stadt des Herrn“ und „das Zion des Heiligen Israels“ nennt (V. 14). Auch hier zeigt sich eine wesentliche Intention Tritojesajas: „Um das Sich-Verherrlichen Gottes in der und durch die Verherrlichung des Zion geht es in seiner ganzen Heilsverkündigung“ (Westermann). Den Grund für das sich anbahnende Heil nennt V. 10b: „Denn in meinem Zorn habe ich dich geschlagen, aber in meinem Wohlwollen zeige ich dir mein Erbarmen“. Der so handelt, ist „der Heilige Israels“ (V. 9), der Israel geheiligt, d. h. erwählt hat, er ist als „der Starke Jakobs“ der Erlöser Israels (V. 16). Damit greift Tritojesaja auf Deuterojesaja zurück, der an den Heiligen Israels, den Starken Jakobs und den Erlöser Israels erinnert (Jes 41,14; 49,26), der den Weg der Völker zu Israel „um des Heiligen Israels willen, weil er dich herrlich gemacht hat“, ankündigt (Jes 55,5). Die Aufforderung in V. 4a übernimmt wörtlich Jes 49,18a; V. 14 greift Jes 49,23a auf, die Ankündigung der Herrlichkeit Jahwes (VV. 1f) erinnert an Jes 40,5, wenngleich bei Tritojesaja „der Gedanke an den Wüstenzug, den Jahwes erscheinende Herrlichkeit führt, völlig versunken“ ist (Zimmerli), verständlich angesichts der neuen Situation, in der nicht die Heimkehr aus dem Exil im Mittelpunkt steht, sondern die Frage nach der Verherrlichung des Zion. Die wiederholten Rekurse auf Deuterojesaja wollen die Gültigkeit dieser Trost- und Heilsbotschaft deutlich machen und diese aktualisieren.

Auch in Jes 62 fallen die häufigen Erinnerungen an Deuterojesaja auf, die wahrscheinlich im Zusammenhag mit dem Wächterauftrag (VV. 6f; vgl. V. 1) zu sehen sind: die Propheten – einschließlich Tritojesaja – sollen Jahwe an seine Zusagen durch Deuterojesaja erinnern, u. a. an die Heimkehr Jahwes und der Exulanten zum Zion (V. 11; vgl. Jes 40,10; V. 10; vgl. Jes 40,3) und an die Wende der Einsamkeit und Witwenschaft des Zion, „denn dein Schöpfer ist dein Gemahl“ (VV. 4f; vgl. Jes 54,1.4f). Die Frucht dieser Erinnerung zeigt sich vor allem in den neuen Namen von Stadt, Land und Volk: „Meine Wonne“ (V. 4) wird der Zion von Jahwe genannt, da er die Zuneigung und das Engagement seines Gottes erfährt und von ihm wieder „begehrt“ wird (V. 12) wie die Braut vom Bräutigam (V. 5). Dann ist das Land wieder „die Vermählte“ (VV. 4f; vgl. Hos 2,21ff; Jes 49,20ff). Die Bewohner Jerusalems heißen dann wieder „das heilige Volk“ und „die Erlösten des Herrn“ (V. 12), das von Jahwe erwählte und zurückgekaufte Volk. An der Heimkehr der Exulanten läßt sich die Rückkehr Jahwes zum Zion erkennen (Jes 40,9–11); bei Tritojesaja geht es jedoch nicht so sehr um das Kommen Jahwes, sondern eher um das Kommen der Rettung (V. 11) und um die Aufgabe Jerusalems, die Ankunft der Exulanten bzw. der Wallfahrer vorzubereiten (V. 10). Auch hier wird Tritojesaja – bei aller Treue zur Tradition (Deuterojesaja) – der veränderten Situation gerecht.

Umkehr und Gehorsam: Die Antwort der Gemeinde

Tritojesaja hält die Heilsbotschaft Deuterojesajas wach. „Er tut es so, daß er dabei den deuterojesajanischen Gedanken der bedingungslosen Gnade Gottes zurechtrückt und den Gedanken an billige Gnade ohne menschliche Umkehr ausschließt“ (Koch). Anlaß für das „Ethos“ Tritojesajas ist möglicherweise der Vorwurf der Jerusalemer gegen Jahwe: die Hand Jahwes ist zu kurz, um zu helfen; sein Ohr ist schwerhörig, so daß er nicht hört (59,1; vgl. Jes 50,2). Nicht die Ohnmacht Jahwes ist der Grund für die Verzögerung des Heils, sondern die Schuld der Gemeinde. Der Schuldaufweis (59,3–8.13–15) hat das Eingeständnis der Schuld (59,9–13) zum Ziel und ist implizites „Ethos“, vor allem soziales Ethos, das sich auf der Spur u. a. der Sozialkritik des Amos und Jesaja bewegt. Daß es sich hier nicht nur um „Binnenmoral“ (zwischenmenschliches Ethos) handelt, läßt sich an 59,2.13 ablesen: soziales Unrecht errichtet eine trennende Mauer zwischen den Jerusalemern und ihrem Gott und bedeutet „Untreue und Verleugnung des Herrn, Abkehr von unserem Gott“.

Ein weiterer Anlaß für die ethischen Forderungen des Propheten mag die vorwurfsvolle Frage der Gemeinde an Jahwe sein: „Warum fasten wir, und du siehst es nicht? Warum tun wir Buße, und du merkst es nicht?“ (58,3). In seiner Entgegnung nennt der Prophet – nach seiner Gegenfrage (58,5) – soziale Forderungen (58,6 f; vgl. VV. 9 f. 13) und die heilvollen Konsequenzen im Falle ihrer Realisierung (58,8–14). Diese sozialen Forderungen haben ihre theologischen Grundlagen, die die Erfüllung der Forderungen im Sinne der Nachfolge und Nachahmung Jahwes ermöglichen: Jahwe ist es, der „Fesseln des Unrechts (schlimme Fesseln) löst“ (vgl. Ps 102, 21; 116,16; Jes 51,14; Ijob 39,5), der „Stricke des Jochs“ entfernt (vgl. Ps 146,7), der „jedes Joch“ zerbricht (vgl. Jer 30,8; Nah 1,13; Ps 107,14), der den Fremden in seinem Haus und in seinen Mauern ein Denkmal errichtet (Jes 56,5), sie zu seinem heiligen Berg bringt und ihnen Freude bereitet in seinem Bethaus (Jes 56.7), der die Nackten bekleidet (vgl. Gen 3,21). Auch in diesem Zusammenhang gilt das Wort Romano Guardinis: „Den Menschen erkennt nur, wer von Gott weiß“, nur der wird dem Menschen gerecht, wer sich mit Gott vertraut macht, auf seinen Wegen geht, ihm nachfolgt und ihn nachahmt. Hier – in Kap. 58 – gibt der Prophet dem Fasten keineswegs den Abschied, er wendet sich lediglich gegen ein Fasten, das zur Form erstarrt ist (vgl. 58,5) und Hand in Hand geht mit sozialem Unrecht (vgl. 58,3 f und die Forderungen in vv. 6 f). Die Kritik am Fasten ist demnach keine absolute, sondern eine relative und entspricht u. a. der Kulturkritik Jesajas: „Frevel und Feste ertrage ich nicht“ (Jes 1,13).

Tritojesaja, „an unseren Ort herübergeholt“

Goethe muß mit Auslegern (auch der Hl. Schrift?) üble Erfahrungen gemacht haben, wenn er sie in „Zahme Xenien II“ spöttisch auffordert: „Im Auslegen seid frisch und munter! Legt ihrs nicht aus, so legt was unter“.

Der Gefahr, etwas „unterzulegen“, setzen sich der Leser und Ausleger aus, wenn sie voreilig oder gar ausschließlich mit ihren persönlichen Vorstellungen und Fragen an den Text herangehen und den Text nicht seine eigene Sprache sprechen lassen. Deshalb gilt die Forderung: Wir müssen uns an den Ort des Textes begeben, bevor wir den Text an unseren Ort herüberholen. Dieser Forderung versuchen die kurzen Ausführungen zu Tritojesaja zu entsprechen. Wie die Botschaft Tritojesajas an unseren Ort herübergeholt werden kann, soll und kann hier lediglich angedeutet werden.

Mit der Zeit und Botschaft Tritojesajas verbindet uns auch: „Die Verheißungen Deuterojesajas standen also noch unerfüllt über Israel" (v. Rad). Über uns stehen unerfüllt nicht einzig diese Verheißungen. Werden wir nicht mit Utopien abgespeist und vertröstet? Norbert Lohfink stellt die Frage: „Wer würde behaupten, sie seien eingetreten? Unerfüllte Prophezeiungen sind es ... Es mögen törichte Prophezeiungen sein, unverantwortliche Spiele mit der menschlichen Hoffnung – erfüllte Prophezeiungen sind es nicht. Es sind auch heute noch Utopien". Die „Entlastungstheorien" (die „Jenseitstheorie", die „Innerlichkeitstheorie" und die „bürgerlich-private Religionstheorie") werden den unerfüllten Prophezeiungen nicht gerecht. Ob man sie als „Utopien" verstehen kann und muß, ist fraglich, nicht jedoch, daß sie – nach wie vor – zum großen Teil noch unerfüllt auch über uns stehen.

Tritojesaja lädt uns mit seiner Methode – und es ist mehr als nur eine Methode, wenn er an die Trost- und Heilsbotschaft Deuterojesajas erinnert und sie aktualisiert, – ein, an den Verheißungen und damit an der Zuverlässigkeit Gottes und seines Wortes durch die Propheten und durch sein in Jesus Christus menschgewordenes Wort festzuhalten und die Verheißungen in neuen – von Gott herbeigeführten – Situationen neu zu verstehen und anzunehmen als ein Licht für unsere Wege (Ps 119,105). Daß die jeweils neue Situation auch die konkrete, tathafte Antwort der jeweiligen Zeitgenossen mitbegründet und fordert, ist eine notwendige Konsequenz. Ein Beispiel: die göttliche Zusage „Friede, Friede den Fernen und den Nahen" (Jes 57,19) ermöglicht und fordert die Aufnahme auch der Fernen und Fremden in die Gemeinde (vgl. Jes 56,3 ff). Wer sind heutzutage die „Fernen" und „Fremden"? Wer sind jetzt die „Zerschlagenen und Bedrückten" (Jes 57,15), die des Trostes Bedürftigen (Jes 57,18)? Gewiß: Gott ist unser Vater (Jes 63,16; 64,7 f), Gott tröstet uns wie eine Mutter ihren Sohn tröstet (Jes 66,13). Aber ein Mensch – hier Tritojesaja – richtet Gottes tröstendes Wort aus. Erinnert sei an eine jüdische Geschichte:

Ein Rabbiner und sein Schüler lesen Gen 3,21: „Gott, der Herr, machte Adam und seiner Frau Röcke aus Fellen und bekleidete sie damit". Da fragt der Schüler seinen Lehrer: Warum lesen wir das heute noch? Bei uns gibt es doch keine Nackten mehr, deren Blöße wir bedecken sollten.

Nicht nur die als Gebote formulierten göttlichen Wegweisungen verpflichten uns, sondern auch Gottes Wege, sein Handeln, das eine Spur hinterläßt, Nachfolge und Nachahmung ermöglicht und fordert. Zu Gottes Wegen gehören auch seine Verheißungen, die uns den Weg eröffnen und weisen, auch und vor allem in Jesus Christus, der sich uns als „den Weg, die

Wahrheit und das Leben" zusagt, der als der Menschensohn „das Volk der Heiligen des Höchsten" ist (Dan 7,13f.27), also er und seine Kirche. „Erst Jesus und die Kirche zusammengenommen sind das, was die Propheten verheißen haben. Wenn nur die Kirche nicht flüchtet aus ihrer eigenen Identität, weil sie nicht zugeben will, daß sie von Gott als die Erfüllung aller Prophezeiungen, auch der leiblichsten und materiellsten, gedacht ist ... Die eigentlich von Gott gemeinte, die Welt verwandelnde Kirche" (Lohfink).

Franz Josef Helfmeyer

Literatur zu Tritojesaja

Georg Fohrer, Jesaja 40–66 (Zürcher Bibelkommentar AT) Zürich ²1986;

Franz-Josef Helfmeyer, Der Heilige Israels – dein Erlöser. Das Buch Jesaja (Stuttgarter Kleiner Kommentar AT 9/10), Stuttgart ²1984;

Werner Kessler, Gott geht es um das Ganze. Jesaja 56–66 und 24–27, Calwer Verlag Stuttgart ²1967;

Klaus Koch, Die Profeten II. Babylonisch-persische Zeit (Urban-Taschenbücher 281), Stuttgart 1980;

Norbert Lohfink, Die unerfüllten Prophezeiungen in: *ders.,* Kirchenträume, Freiburg ³1982, S. 11–25;

Karl Pauritsch, Die neue Gemeinde: Gott sammelt Ausgestoßene und Arme (Jesaia 56–66), (Analecta Biblica 47), Rom 1971;

Gerhard von Rad, Theologie des Alten Testaments II, München 1961;

Claus Westermann, Das Buch Jesaja. Kap. 40–66 (Altes Testament Deutsch 19) Göttingen ²1970;

Walther Zimmerli, Zur Sprache Tritojesajas in: *ders.,* Gottes Offenbarung. Gesammelte Aufsätze (Theologische Bücherei 19) München 1963, S. 217–233.

Der Geist des Herrn
hat von mir Besitz ergriffen.
Denn der Herr hat mich erwählt,
um den Armen gute Nachricht zu bringen,
den Verzweifelten neuen Mut zu machen,
den Gefangenen zu verkünden:
„Ihr seid frei! Eure Fesseln werden gelöst!“
Er hat mich gesandt, um anzusagen:
„Die Zeit ist gekommen,
daß der Herr, unser Gott, uns retten
und mit unseren Feinden abrechnen wird.“
Die Weinenden soll ich trösten
und allen Freude bringen,
die in Zion traurig sind.

Jesaja 61,1–3

Warum fasten wir?

Wahre Frömmigkeit ist kein Monolog
Überlegungen zu Jes 58,3–9

Jede Zeit hat ihre eigenen menschlichen Probleme, jede ihre spezifischen religiösen Fragen. Hat Martin Luther einmal nach dem gnädigen Gott gesucht, dann haben Spätere nach dem barmherzigen Mitmenschen gefragt. Heute möchten die Christen so gerne Gottes Nähe spüren; sie möchten sein Wirken im Alltag erfahren. Aber das will nicht gelingen. Gläubige Menschen unserer Zeit haben weithin den Eindruck, Gott sei völlig abwesend. Wenn Gottes Herrschaft auf dieser Welt tatsächlich begonnen hätte, wäre dann ein solches Ausmaß an Ungerechtigkeit und Friedlosigkeit überhaupt denkbar? Es sieht fast danach aus, als müßten die Menschen alles Leid allein tragen; die Ursache und den Sinn von Leid und Tod in der Welt könnte ihnen niemand erklären. Die Frage nach dem „Warum?“ wird von den Alleingelassenen laut und dringlich erhoben.

Es scheint, das alte Israel habe solche Probleme nicht; es pflege allezeit vertraulichen Umgang mit seinem Gott JHWH. Gewiß: Israel weiß sich unter dem Geleit JHWHs, es geht gleichsam an seiner Hand. Doch auch für Israel bleibt JHWHs Walten verborgen; man muß das Tun JHWHs in den geschichtlichen Ereignissen erst suchen und finden. Und einem oberflächlichen Denken will dies nicht gelingen. Nach dem Exil befindet sich Israel in einer Zeit des Umbruchs. Und der alte Glaube gerät in die Krise.

„Warum fasten wir?“ Jes 58,3

Uneinsichtige Leute in Israel versteigen sich zu der Frage nach dem „Warum?“. Im Buch Jesaja ist die Klage ganz präzise formuliert: „Warum fasten wir, und du siehst es nicht“ (Jes 58,3)? So fragen Leute, denen alle übergreifenden Perspektiven für Gottes Handeln abgehen. Die Sorgen und Nöte des Einzelnen nehmen alle Kräfte gefangen. Der Glaube des Volkes wirkt kleinkarriert. Die Fragen, die man an seinen Gott richtet, hören sich nach außen hin kühn an. In Wirklichkeit sind sie vermessen: Wie können Leute, die den Bund nicht halten, eine solche Sprache führen? Aber jene Vorlauten, die sich da zu Wort melden, sind gar nicht das Volk, das einen neuen Bund darstellen könnte. Trotzdem wird Israel noch „mein Volk“ genannt. Und es bekommt auf seine Fragen auch eine Antwort. Doch dann kann keine Rede mehr davon sein, daß JHWH mit dem Volk zu streng verfahre.

Die Frage nach dem Fasten und die Antwort dazu haben einen genau bestimmbaren historischen Ort. Wir haben sie uns zu denken an einem Tag jener Klagebegehungen, wie sie in Israel nach der Katastrophe des Jahres 586 aufgekommen und auch nach dem Exil ständige Einrichtung geblieben sind. Diese Buß- und Bettage – man könnte auch sagen: Volkstrauertage – setzen sich mit der unbewältigten Vergangenheit des Volkes auseinander; mit den Gedenktagen ist ein allgemeines Fasten verbunden.

Die Fastengottesdienste sollen das Volk aber nicht nur an eine leidvolle Vergangenheit erinnern, sondern mehr noch an die Aufgaben verweisen, die es hier und heute zu erledigen gilt. Und die kultische Feier müßte natürlich von einer demütig bereiten inneren Einstellung der Menschen getragen sein. Kult als öffentliches Gebet ist die nach außen gewandte innere Schicht des Herzens. Wenn das Herz ganz und gar seinem Gott zugetan ist, will es seine Hinwendung zu Gott auch in der Gemeinschaft des Volkes öffentlich zum Ausdruck bringen. Es ist natürlich auch denkbar, daß eine liturgische Erneuerung in äußeren Reformen stecken bleibt. Eindrucksvolle Gottesdienste vermögen dann über die wahre Gesinnung der Leute nichts mehr auszusagen.

„Habt ihr für mich gefastet?" Sach 7,5

Man kann sich an Vieles in der Welt gewöhnen, warum nicht auch an Fasten und Buße? Doch mit der Gewöhnung verliert auch eine gute Sache ihren Sinn. So werden die Bußtage in Israel zu einer fragwürdigen Einrichtung. Ihre Feier wird leer; JHWH ist nicht mehr darin zu finden. Er gibt nur noch den Namen für die Sache ab. Man hat nicht am Fasten gespart und noch viel weniger an der Klage. Und doch stehen die nationalen Gedenktage in der kultischen Landschaft wie ein leeres Gehäuse.

Das Fasten der Gläubigen ist nicht mehr Ausdruck eines lebendigen Glaubens und einer unverbrüchlichen Treue. Es ist zu einer äußerlichen Zeremonie herabgesunken, nach deren Sinn keiner mehr fragt. Die Fasttage werden verdorben, weil die Leute nicht mehr mit dem Herzen bei der Sache sind. Sie meinen, die von ihnen geübte „Enthaltsamkeit nach Vorschrift" treffe JHWHs Wort vom „Fasten, wie ich es liebe" (Jes 58,4) gut genug; Gesinnung sei dazu nicht notwendig. Fasten sei eine Leistung der Frömmigkeit. Und jede Leistung müsse schließlich von JHWH gesehen und honoriert werden.

Nun aber bekommen die JHWHtreuen Leute zu spüren: Alles fromme Tun für JHWH geschieht umsonst; JHWH sieht keine Leistung. Er will einfach nicht zur Kenntnis nehmen, was man in immer neuen Bemühungen für ihn tut. Warum täten sie es auch, wenn nicht seinetwegen? Wenn die Gemeinde Israels also anfängt, nach dem „Warum?" zu fragen, dann muß ihre Enttäuschung schon riesengroß sein. Die Leute sind, wie man so sinnig sagt, völlig frustriert. Und dann wagt der Prophet Sacharja auch noch, seine Pfeile direkt in die Wunde zu schießen: „Bin ich es, für den ihr so streng gefastet habt" (Sach 7,5)?

Wenn man nicht für JHWH fastet, für wen fastet man dann? Da bleibt nur noch die eigene Person übrig: Man fastet zum persönlichen Vorteil. Nur: Ein anderer hat davon natürlich nichts. Und eben das ist der springende Punkt: Das soziale Fehlverhalten der Gemeinde ist schuld daran, daß die Leute erfolglos fasten. So sieht es und sagt es das Buch Jesaja. Die Profitsucht der Wohlhabenden und die Ausbeutung der Bedürftigen haben das gottesdienstliche Bemühen korrumpiert. Ja, so ist es: Israels Gottesdienst ist korrupt. Nicht einmal an den öffentlichen Fasttagen will man darauf verzichten, Geschäfte zu machen! Selbst an den Fasttagen „treibt man alle Arbeiter zur Arbeit an" (Jes 58,3). Und man scheut sich auch nicht, während des Fastens die üblichen Streitereien auszutragen und dabei sogar mit roher Gewalt „zuzuschlagen" (Jes 58,4).

„Und das soll ich ruhig mit ansehen?" Jes 57,6

Daß Israel damals um ein wirksames Fasten gerungen hat, ist heute noch interessant, weil uns die Diskussion einen Blick hineintun läßt in die religiösen und sozialen Auseinandersetzungen innerhalb der jüdischen Gemeinde nach dem Exil. Sie muß sich, aus Babel zurückgekehrt, mit der Tatsache abfinden, daß ihre Hoffnungen nicht in der erwarteten Weise in Erfüllung gehen. Die Herrlichkeit JHWSs bleibt vor den Völkern verborgen, Jerusalem ist alles andere als das gefeierte religiöse Zentrum der Welt. Natürlich beginnt man zu fragen, warum denn alles ganz anders gekommen sei. Und man hadert mit dem Schicksal, weil man einen Beweis dafür zu haben scheint, daß Gott sich nicht an seine verbürgten Zusagen hält.

Aber die Frommen schauen immer nur bis zu jenem Horizont, der das vorgegebene kultische Ritual als unantastbar, richtig und wirksam voraussetzt. Im kirchlichen Jargon von heute: Hauptsache, die Messe ist gültig zelebriert, dann wird sie auch ihre Wirkung tun – ob man mit Andacht dabeigewesen ist oder nicht. Keiner kommt auf den Gedanken, man müßte den ganzen frommen „Laden" einmal hinterfragen! Die liturgische Position „Gottesdienst" rechtfertigt sich ja durch sich selbst; das Alltagsleben spielt dabei keine Rolle – so meint man.

Ein Volk kann aber nicht nur von Kult und Politik leben; man kann und darf die privaten und die sozialen Belange nicht vernachlässigen. In Israel ist ohnehin nicht jede denkbare Politik möglich. Schließlich werden die Staatsleute nach ihrer Gesinnung gefragt und nach ihrem Gehorsam gegenüber dem Gesetz ihres Gottes. Und dabei fallen sie reihenweise durch. Man hat gemeint, Politik sei auch ohne die Liebe zur Wahrheit denkbar und ohne die Rücksichtnahme auf Unterprivilegierte. Den Kult hat man absolut gesetzt, und die sozialen Belange des Alltags hat man aus dem heiligen Bereich ausgespart; zu irgendeiner Überprüfung besteht keine Notwendigkeit. Aber es gibt vor Gott keine Politik ohne integre Gesinnung. Und es gibt keinen Kult ohne Caritas.

Im Grunde sind das die alten Themen prophetischer Rede, die man zu früheren Zeiten auch schon eindrucksvoller dargestellt findet als in den ersten Jahren nach der Beendigung des Exils. Den Mahner jener Jahre kennt man nicht. Man hat ihm zwar einen Namen gegeben. Aber dieser taugt nur als Hilfsmittel, um die Identität dieses Mannes sicherzustellen. Wer der Mann tatsächlich gewesen ist, weiß niemand; das Alte Testament verrät nichts über seine Persönlichkeit.

Schon der Vorgänger des unbekannten Propheten, der im Exil zu Babel gelebt und geredet hat, ist für uns nur in seinen Äußerungen greifbar. Weil die von ihm herrührenden Prophetensprüche und -texte (Kapitel 40–55) im Buch Jesajas gesammelt worden sind, hat man den großen Unbekannten den „Zweiten Jesaja" (Deutero-Jesaja) genannt. Sein nachexilischer Schüler, dessen Sprüche ebenfalls in das Buch Jesaja aufgenommen worden sind, gilt als „Dritter Jesaja" (Trito-Jesaja). Diese Namenszuweisungen sind seit dem Anfang dieses Jahrhunderts üblich; seitdem kann eine mehrfach verschiedene Verfasserschaft für das Prophetenbuch Jesaja kaum noch bestritten werden. Den Gründen für eine verschiedene Zuweisung des Jesaja-Texte brauchen wir hier nicht nachzugehen; wir können sie als berechtigt voraussetzen.

„Siehe, Finsternis bedeckt die Erde!" Jes 60,2

Der „Dritte Jesaja" hat seine Aufgabe darin gesehen, das Wort des „Zweiten Jesaja" zu bewahren und es einem enttäuschten Volk zu verkünden, das nach der Heimkehr die Hände sinken läßt und in Resignation verfällt. Unser Prophet bemüht sich, den Lauf der Geschichte, den das Volk erfahren hat, zu erklären. Erklärt werden müssen vor allem die Vernichtung des Staates und die Zerstörung des Tempels. Gegenstand der Kritik des Propheten ist eine versagende Regierung, die den vorhandenen massiven Mißständen nicht wehrt und katastrophale sozial-rechtliche Verhältnisse einfach gewähren läßt. Einem Teil der Bewohner des Landes, der nicht deportiert worden ist, gelingt es sogar, den Tempelneubau eine Zeitlang zu unterbinden; sie wollen unbedingt die Möglichkeit synkretistischer Kulte garantiert haben!

Wenn man den „Dritten Jesaja" hört, könnte man meinen, in den siebzig Jahren des Exils habe sich rein gar nichts verändert. Und die Prophetie hätte dort anzusetzen, wo sie vor dem Exil aufgehört habe. Doch ganz so verhalten sich die Dinge nicht. Die Inhalte der Trostpredigt des „Zweiten Jesaja" sind nicht einfach hinfällig. Sie stellen weit eher einen Verheißungsüberschuß dar, dessen Erfüllung zukünftig ist.

Nach dem Exil soll das geschlagene Volk nicht länger gedemütigt werden. Der Prophet bemüht sich, die bescheidene Hoffnung der Leute zu festigen; gleichzeitig sieht er sich genötigt, den Leuten Sünde und Schuld vorzuhalten. Natürlich sind es wieder die alten Sünden: Die Leute hören nicht auf, einander zu knechten und auszunützen. Auch die bedrückenden Erlebnisse des Exils haben aus Israel kein Volk von Brüdern und Schwestern machen können.

Das Volk bleibt blind und taub. Trotzdem gibt es keine neue Unheilsansage mehr. Aber die neuen Klagen und Anklagen erinnern an die frühere Unheilsprophetie. Und doch ist nicht einfach alles beim Alten geblieben. Hat der „Zweite Jesaja" innerhalb des Volkes unterschieden zwischen Gläubigen und Ungläubigen, so spricht sein Schüler von Frommen und Frevlern, von Gesetzestreuen und Gesetzesverächtern. Das ganze Volk scheint er aber nicht mehr anzureden; er spricht zu den einzelnen Volksgruppen.

Auch wenn sich die Erwartungen des „Zweiten Jesaja" nicht erfüllt haben: die Hoffnung wird von seinem Schüler weitergetragen. Dieser müht sich um Belehrung und Mahnung. Er weiß: Die gegenwärtige Verlassenheit Israels rührt allein aus dessen Schuld, nicht aus der Ohnmacht JHWHs.

„Wir wollen die Hilflosen kaufen" Am 8,6

Die Prophetenschelte richtet sich zunächst gegen die Oberschicht in Jerusalem. Die besitzt nämlich noch Schuldsklaven, vom dicken finanziellen Polster ganz zu schweigen. Und dann gilt die Rüge der Aristokratie und ihren rücksichtslosen Geschäftsmethoden. Selbst wenn sie einmal etwas Löbliches täte: allein schon ihre Gesinnung macht jeden Gottesdienst unmöglich. Der Kult wird zu einer Bewährungsprobe für echte Humanität. Doch die Leute bestehen die Prüfung nicht. Und es scheint mir nicht ausgemacht, daß unsere Gemeinden heute ein günstigeres Bild abgeben.

Wegen Fasten und Abstinenz bricht in unseren Gemeinden heute freilich kein Streit aus; das ist richtig. Es gibt wichtigere Dinge, über die zu unterhalten sich lohnte. Das stimmt soweit auch. Wenn die Christen aber für eine gute Politik fasten wollten, und wenn sie für etwas mehr soziale Verantwortung Buße täten: dann wüßte ich für die vierzig Tage der Fastenzeit tatsächlich keine aktuelleren und gewichtigeren Themen. Aber weil unsere Gemeinden das nicht tun, brauchen sie auch nicht wie Israel zu fragen: „Warum fasten wir" (Jes 58,3)? Und schon gar nicht sind die vierzig Tage für uns eine besonders aufregende Zeit.

In Israel müssen die Leute außer sich gewesen sein, als sie haben feststellen müssen: Das Fasten bleibt ohne Ergebnis! Also muß man ganz schnell nach den Fehlern suchen! Vielleicht haben die Leute etwas falsch gemacht? Muß man etwa die Technik ändern? Den Kopf etwas tiefer hängen lassen wie eine Binse (Jes 58,5)? Solche Klagen gibt es ja auch bei uns gelegentlich: Warum bin ich ein Leben lang fromm gewesen; und es hat keinen Wert gehabt? Der Prophet überlegt anders: Im Vollzug des Fastens haben die Gläubigen nichts falsch gemacht. Aber der Ansatz zum Fasten ist völlig verkehrt! Das richtige Fasten meint etwas anderes, als Gott zum Zuhören und zum Handeln zu zwingen. Fasten zielt auf einen erweiterten geistigen Horizont. Und beabsichtigt nicht die Bewältigung des aufkommenden Hungergefühls und auch nicht den Verlust von ein paar überflüssigen Pfunden.

Fasten läßt sich nicht trennen von der tätigen Liebe. Fasten besteht überhaupt nicht im Unterlassen, sondern im Tun. Fasten ist sozialer Natur und kommt jenen Teilen des Volkes zugute, die in ihrer Existenz bedroht sind. Das Wichtigste nennt der Prophet mit Namen: den Hungernden Brot geben, die Nackten bekleiden, sich den Glaubensgenossen nicht entziehen. Und er nennt noch ein viertes Beispiel: die obdachlosen Armen in das eigene Haus aufnehmen. Dieses letzte Gebot sozialer Fastenbemühungen hört sich an wie ein Kommentar aus allerjüngster Zeit; Sie dürfen für die „obdachlosen Armen“ nur „Asylanten“ einsetzen.

Wie dringend die soziale Frage in Israel einmal gewesen ist, hat der Prophet Amos in bestürzender Deutlichkeit beim Namen genannt. Die Zeit des Amos ist vorbei, aber der Grund seiner Klagen besteht weiter: die Schwachen werden verfolgt, die Armen unterdrückt, das Maß wird kleiner und der Preis größer, die Hilflosen werden mit Geld gekauft; sogar den Abfall des Getreides macht man noch zu Geld (Am 8,4–6).

„Jedes Joch zerbrechen“ Jes 58,6

Über allen Werken der Barmherzigkeit und vor jedem anderen Tun steht die Befreiung des Menschen; unser Fastentext redet eindringlich davon. Das hohe Gewicht der Freiheit ist im hebräischen Urtext mit vier verschiedenen, aber gleichbedeutenden Worten beschrieben: „Fesseln des Unrechts lösen, Stricke des Jochs entfernen, Versklavte freilassen, jedes Joch zerbrechen“ (Jes 58,6). Israel weiß es mehr als jedes andere Volk, wie teuer die Freiheit ist. In Israel hat sie unter allen erstrebenswerten Gütern den höchsten Stellenwert – auch bei Gott selbst. Einem anderen zur inneren und äußeren Freiheit zu verhelfen, das ist Gott wohlgefälliger als alle Maßnahmen der Selbstkasteiung.

Man nennt die Kirche gerne das neue oder das wahre Israel. Ob solche anspruchsvollen Namen zu Recht gebraucht werden, entscheidet nicht die eine oder andere theologische Disziplin, sondern die Praxis. In unserem Zusammenhang hier: Wenn sich die Kirche als ein Hort der Freiheit erweist, dann darf man sie auch das wahre Israel nennen. Nun zeigt sich aber, daß bereits Freiheit als Begriff in der Kirche kein Gewicht hat. Daß dem so ist, läßt sich leicht nachprüfen; der lexikalische Befund stimmt traurig. Weil sich jedes Thema seine ihm zukommenden Begriffe schafft, benötigt ein nicht vorhandenes Thema auch kein Vokabular. In der Kirche der Zweiten Welt ist Freiheit kein Thema; wir hoffen auf die Kirche der Dritten Welt.

In den letzten Tagen des Königs Zidkija, des letzten auf dem Davidthron, hat sich in Jerusalem eine ganz schmutzige Geschichte zugetragen. Die Babylonier stehen vor der Tür, und Judas Tage sind offensichtlich gezählt. Da greift man zu einem äußersten Mittel, das den Gott Israels doch noch einmal gnädig stimmen soll: Der König ordnet die Freilassung der Schuldsklaven an (Im Normalfall müßten ohnehin in jedem Sabbatjahr alle Sklaven freigegeben werden: Ex 21,2; Lev 25,41; Dtn 15,12). Weil er aber auf dem Verordnungsweg nicht so weit in die Privatsphäre der Besitzenden eingreifen kann, trifft er mit ihnen eine ausdrückliche Vereinbarung, die vor JHWH ratifiziert wird. Entgegen allen Erwartungen wird Jerusalem noch einmal verschont, und die Assyrer ziehen ab. Und was machen die hohen Herrschaften? Sie fangen die freigelassenen Sklaven wieder ein! JHWH hat ja geholfen; zusätzliche Opfer sind nicht mehr nötig (Jer 34,8–22). Natürlich hat eine so schäbige, zudem ungesetzliche Verhaltensweise den Zorn Gottes auf das Volk herabbeschworen.

Die Propheten wissen, warum sie von Freiheit sprechen. Da Israel in seiner Geschichte vielfach bedrückt worden ist, weiß es sehr wohl, was es tut, wenn es Unfreiheit im eigenen Volk duldet oder sogar fördert. Wenn dann schon einmal von Fasten die Rede ist, dann kann die Aufgabe nur heißen: „Jedes Joch zerbrechen" (Jes 58,6)! Und so heißt die Aufgabe in der Kirche heute noch. Wir müssen diese Aufgabe allerdings erst lernen und dann die richtige Weise finden, wie wir von ihr reden können.

„Sich droben Gehör verschaffen" Jes 58,4

Ohne wirksame Taten der Befreiung muß Gott zu uns sagen: „Ich kann eure Feiern nicht riechen. Weg mit dem Lärm deiner Lieder" (Am 5,21.23)! „Was soll mir der Weihrauch" (Jer 6,20)? Also gibt es gar kein Fasten, das Gott angenehm wäre? Doch, das gibt es; die bisherige Fastenpraxis ist nicht einfach ersatzlos gestrichen, das Moment der Selbstbeschränkung muß bleiben. Aber unsere Feste – ob mit Fasten, ob ohne – sind ein Prüfstein für unser Verhalten zum Nächsten; ein Monolog ins Leere ist eben kein Fasten. Erst wenn Gottes Volk „der Unterdrückung ein Ende" macht und „auf keinen mit dem Finger zeigt" und „niemanden verleumdet" (Jes 58,11), kann es mit seinem Fasten auf Antwort rechnen, wird es zu spüren bekommen, daß es tatsächlich unter der Führung seines Gottes steht.

Einem rechten Fasten müßte es gelingen, der Stimme des Gottesvolkes „droben Gehör zu verschaffen" (Jes 58,4). Und es wieder in die alte Wechselbeziehung zwischen Wort und Antwort zu stellen: Israel ruft, Gott antwortet; Gott ruft, Israel antwortet. Und dann wird Israel heil. Heil meint gerade nicht einen Zustand bleibender Seligkeit, sondern das offene Gespräch zwischen den Gläubigen und ihrem Gott.

Das rechte Fasten hält Ausschau nach den Haltungen, die das Christsein heute auszeichnen: Distanz zu einer Überfülle von Angeboten, Bewahrung der Schöpfung vor völliger Zerstörung, Offenheit für die armen Jünger Jesu. Befreiung der leidenden Glaubensgenossen von ihren Ängsten. Ein „Fasten, wie ich es liebe" (Jes 58,6), gibt den Jüngern Jesu Fähigkeit und Kraft, daß sie für viele suchende, darbende, unfreie Menschen zum „Salz der Erde" werden und zum „Licht auf dem Leuchter" (Mt 5,13.15).

Rainer Ruß

Wenn Regen oder Schnee
vom Himmel fällt,
kehrt er nicht wieder dorthin zurück,
ohne daß er etwas bewirkt:
er durchfeuchtet die Erde
und macht sie fruchtbar,
so daß man Korn
für das tägliche Brot bekommt
und Saatgut für eine neue Ernte.
Genauso ist es mit dem Wort,
das ich spreche.
Es kehrt nicht erfolglos zu mir zurück,
sondern bewirkt, was ich will,
und führt aus, was ich ihm auftrage.

Jesaja 55,10f

Dann muß der Mond sich schämen, muß die Sonne erbleichen

Die Ankündigung des Weltgerichts in der Jesajaapokalypse

Es ist nur allzu verständlich, daß wir, die wir uns an der Wende eines neuen Jahrtausends befinden, in unserer Zeit eine besondere Aufgeschlossenheit für Apokalyptisches feststellen können. Längst sind es nicht mehr nur religiöse Sektierer, die aktuelle Ereignisse im Hinblick auf ein nahes Weltende deuten und von einem baldigen Weltuntergang überzeugt sind. Hat nicht Umberto Ecos Weltbestellter „Der Name der Rose" die Leser zur intensiven Lektüre der Offenbarung des Johannes angeregt? Erfährt die altorientalische Vorstellung von den aufeinanderfolgenden Weltzeitaltern, den Äonen, nicht eine Neuinterpretation durch die New-Age-Bewegung, die ja bekanntlich die Ablösung des alten Fische-Zeitalters durch das Zeitalter des Wassermanns verkündet? Die Liste der endzeitlichen Phänomene unserer Tage könnte mühelos vergrößert werden. Schließlich ist das Weltende am Ausgang dieses zweiten Jahrtausends n. Chr. längst zu einem alltäglichen Thema geworden, das immer wieder durch die politische Situation aktualisiert wird: Denkt man an das Waffenarsenal in Ost und West, so fällt es nicht schwer, sich die Ausmaße der Katastrophe einer wahren Apokalypse vorzustellen.

Der Gedanke an eine bevorstehende Katastrophe kosmischen Ausmaßes ist nicht neu. Innerhalb des Alten Testaments schon finden sich Bilder des Schreckens und der Zerstörung auch im Buch Jesaja. Innerhalb des Jesajabuches nehmen die Kapitel 24–27 eine Sonderstellung ein. Man nennt diesen Textkomplex die „Große Jesaja-Apokalypse". Sie dürfte aus dem 3. Jahrhundert v. Chr. stammen und kündet in gewaltigen Bildern das kommende Weltgericht an, in dem alle gottfeindlichen Mächte vernichtet werden. Birgt dieses Gericht auch Schrecken und Zerstörung, eröffnet es doch zugleich eine neue Zukunft, in der sogar der Tod überwunden wird und die Toten des auserwählten Volkes wieder zu neuem Leben erweckt werden.

Ob Jes 24–27 mit Recht als Apokalypse bezeichnet wird, ist nicht unumstritten. Im späten Judentum war die Gattung „Apokalypse" zwar beliebt und weit verbreitet, doch wurden diese Schriften nicht mehr in den Kanon des Alten Testaments aufgenommen. Bildet die Jesaja-Apokalypse nun eine Ausnahme?

Texte aus der apokalyptischen Zeit widmen sich Spekulationen über eschatologische Dinge und sind geprägt von der Erfahrung schwerer Bedrängnis. Bestimmte aktuelle Ereignisse werden als Zeichen der Zeit gedeutet; das letzte Gericht wird unmittelbar erwartet.

So gesehen trägt Jes 24–27 durchaus apokalyptische Züge. Besonders die Abschnitte Jes 24,1–23; 25,6–8 und 26,9–27,1.12 f weisen eine recht deutlich ausgebildete Apokalyptik auf. Und gerade diese Stellen machen Jes 24–27 zu einer beachtenswerten Komposition, die in einsamer Größe innerhalb der alttestamentlichen Glaubenszeugnisse steht.

Das künftige Weltgericht wird nach der Meinung der Jesaja-Apokalypse durch große Katastrophen angekündigt. Deshalb stehen zu Beginn des Textes Schilderungen über die Ausmaße dieser Katastrophen:

Seht her! Der Herr verheert und verwüstet die Erde; er verändert ihr Gesicht und zerstreut ihre Bewohner.
Dann geht es dem Laien wie dem Priester, dem Knecht wie dem Herrn, der Magd wie der Herrin, dem Käufer wie dem Verkäufer, dem Gläubiger wie dem Schuldner, dem, der ausleiht, wie dem, der leiht.
Verheert wird die Erde, verheert, geplündert wie sie, geplündert. Ja, der Herr hat es gesagt. Die Erde welkt, sie verwelkt, die Welt zerfällt, sie verwelkt, Himmel und Erde zerfallen. (Jes 24,1–4)

Die Verse sprechen eine ganz deutliche Sprache: Am Tage des Gerichts wird nichts und niemand verschont werden. Alles wird von Grund auf erschüttert, der Zorn Jahwes erreicht alle. Unabhängig von Stand und Absicherung. Eine gewaltige Sintflut wird die Erde von jeglichem Unrat und Verderben befreien. Ein umfassendes Erdbeben wird alles Gesicherte erschüttern. Alle müssen die Erfahrung machen, daß nichts standhält, nichts überdauert, alles seine Verläßlichkeit verliert. Festgefügtes gerät ins Wanken. Geordnetes wird fragwürdig. Alles vergeht. Dies alles geschieht, um das Böse endgültig von der Erde zu verbannen, die dafür Verantwortlichen zu bestrafen und somit den Spreu vom Weizen zu trennen:

Die Erde ist entweiht durch ihre Bewohner; denn sie haben die Weisungen übertreten, die Gesetze verletzt, den ewigen Bund gebrochen.
Darum wird ein Fluch die Erde zerfressen; ihre Bewohner haben sich schuldig gemacht. Darum schwinden die Bewohner der Erde dahin, nur wenige Menschen werden übriggelassen. (Jes 24,5 f)
Dann ist es unter den Völkern auf der Erde, wie wenn man Oliven abschlägt, wie bei der Nachlese, wenn die Ernte vorbei ist. (Jes 24,13)

Wie nur wenige Oliven und wenige Beeren am Weinstock übrigbleiben, so werden nur verhältnismäßig wenige gerettet werden. Das Gericht Gottes wird eine Katharsis für den Einzelnen, für das Volk und für alle Völker bewirken. Jahwe wird über die ganze Erde Gericht halten und alle Völker zur Rechenschaft ziehen. Die Gerichtsandrohung über Moab steht hier wohl stellvertretend für die Bestrafung aller feindlichen und sich Gott hartnäckig widersetzenden Fremdvölkern, besonders der herrschenden Weltmacht, denn Moab galt als der Erzfeind Israels schlechthin, und sein Name wird im Alten Testament häufig als Chiffre für die Feinde des auserwählten Volkes verwendet.

Moab aber wird an Ort und Stelle zerstampft, wie Stroh in der Jauche zerstampft wird.
Wenn Moab darin auch mit den Händen rudert wie der Schwimmer beim Schwimmen, so drückt er den Stolzen doch nieder, auch wenn seine Hände sich wehren.
Deine festen, schützenden Mauern werden niedergerissen; der Herr stürzt sie zu Boden; sie liegen im Staub. (Jes 25,10b–12)

Dieses Orakel über Moab darf nicht als zeitgeschichtliche Anspielung verstanden werden. Die Erwähnung des Namens ist keinesfalls eine historische, sondern eine symbolische Angabe. Jede herrschende Macht, und sei sie noch so mächtig, wird zunichte gemacht werden, wenn Jahwe selbst seine Herrschaft antritt. Alles, was sich hochmütig erhebt und was sich ihm entgegenstellt, wird niedergerissen werden und muß im Sumpf seines selbstproduzierten Unrats ersticken. Diese Verse stehen im klaren Gegensatz zu dem Gedanken der endzeitlichen Bekehrung der Völker und einer universalen Heilsverkündigung. Im gewaltigen Zorn Gottes, der durch nichts aufgehalten werden kann, wird die Schuld und die Verlorenheit der Völker deutlich.

Immer wieder erscheint im Text das Motiv der starken, befestigten, feindlichen Stadt, die Jahwe zum Trümmerfeld werden läßt.

Die öde Stadt liegt in Trümmern, alle Häuser sind für den Zutritt verschlossen. (Jes 24,10)
Von der Stadt blieben nur noch Ruinen, auch das Tor wurde zertrümmert. (Jes 24,12)

Das von der Knechtschaft befreite Israel dankt deshalb seinem Gott:

Du hast die Stadt zu einem Steinhaufen gemacht, die starke Burg zu einem Trümmerfeld, die Paläste der Fremden zu einem verwüsteten Ort, den man in Ewigkeit nicht mehr aufbaut. (Jes 25,2)
Er hat die Bewohner des hohen Berges hinabgestürzt, die hochaufragende Stadt; er hat sie zu Boden geworfen, in den Staub hat er sie gestoßen.
Sie wird zermalmt von den Füßen der Armen, unter den Tritten der Schwachen. (Jes 26,5 f)

Ja, die befestigte Stadt ist einsam geworden, ein entvölkerter Ort, verlassen wie die Steppe. Dort weiden die Rinder und legen sich nieder. Sie fressen die Zweige ab. (Jes 27,10)

Viele Exegeten versuchen, hinter der Zerstörung der Stadt ein historisches Ereignis zu finden, um die rätselhafte Stadt identifizieren zu können und einen frühestmöglichen Termin für die Entstehung unseres Textes zu erhalten. Wie aussichtslos dieses Unternehmen ist, zeigt die Vielzahl der Lösungsvorschläge. Der Text gibt keinerlei Hinweise, um welche Stadt es sich handeln könnte. Die Tatsache, daß kein Name genannt wird, er vielmehr bewußt verschwiegen wird, legt den Schluß nahe, daß die Erwähnung der Stadt kollektiv verstanden werden soll, d. h., daß von der Zerstörung aller sich Jahwe entgegenstellenden feindlichen Mächte gesprochen wird. Die nicht näher bezeichnete Stadt ist *die* Stadt schlechthin als Typus, die Metropole der feindlichen und gottlosen Welt.

Es ist unmöglich, ein historisches Ereignis in Jes 24–27 zu erkennen, da der Text eschatologisch ist und eben eschatologisch verstanden werden soll. Aus diesem Grunde ist es völlig gleichgültig, ob die Zerstörung der Stadt schon geschehen ist oder noch in der Zukunft liegt. Alles Historisieren scheitert, weil alles, was geschichtlich zu sein scheint, nur eschatologisches Emblem ist. Deshalb ist es unsicher, ob das anscheinend Historische der Gegenwart oder der Vergangenheit angehört; sein Ort ist jenseits aller Geschichte.

Zwar will Jahwe sein Volk Israel in seiner Güte vor dem größten Unglück verschonen und fordert es darum auf:

Auf, mein Volk, geh in deine Kammern, und verschließ die Tür hinter dir!
Verbirg dich für kurze Zeit, bis der Zorn vergangen ist.
Denn der Herr verläßt den Ort, wo er ist, um die Erdenbewohner für ihre Schuld zu bestrafen. Dann deckt die Erde das Blut, das sie trank, wieder auf und verbirgt die Ermordeten nicht mehr in sich. (Jes 26,20f)

Doch es besteht kein Grund zur Annahme, daß nur fremde Völker gerichtet werden und Israel verschont wird, denn:
Es ist ein Volk ohne Einsicht; deshalb hat sein Schöpfer kein Erbarmen mit ihm, er, der es geformt hat, ist ihm nicht gnädig. (Jes 27,11b)

Israels Schuld besteht im Abfall von seinem Gott, und dafür muß es Sühne leisten.

Darum sei dadurch Jakobs Schuld wieder gesühnt, darin bestehe die volle Befreiung von seiner Sünde, daß er alle Altarsteine vernichtet, wie man Kalksteine zerschlägt. Nie mehr soll man Kultpfähle und Rauchopferaltäre errichten. (Jes 27,9)

Im Gottesgericht wird sich Jahwe also eindeutig als der einzige und allmächtige Gott erweisen. Durch die Beseitigung aller fremden Religionen werden die Fremdgötter als Götzen, als Nichtsnutze entlarvt, das Reich Gottes kann verwirklicht und die Herrschaft Jahwes zur Vollendung gelangen. Es wird offenkundig, wer der allein Mächtige ist.

Das Gottesgericht wird sich jedoch nicht nur über den Erdkreis erstrecken:

> *An jenem Tag wird der Herr hoch droben das Heer in der Höhe zur Rechenschaft ziehen und auf der Erde die Könige der Erde. (Jes 24,21)*

Alle Machthaber müssen beim Anbruch der Jahwe-Herrschaft dem Rechenschaft ablegen, von dem sie ihre Macht erhalten haben. Nicht nur über die Könige der Erde wird Recht gesprochen werden, sondern auch über das Himmelsheer, unter denen man sich kaum etwas anderes vorstellen kann als die Scharen der Engel. Wenn Jahwe selbst seine Herrschaft auf dem Zion antreten wird, dann wird jede Macht entmachtet werden.

> *An jenem Tag bestraft der Herr mit seinem harten, großen, starken Schwert den Leviatan, die schnelle Schlange, den Leviatan, die gewundene Schlange. Den Drachen im Meer wird er töten. (Jes 27,1)*

Die neutestamentliche Apokalypse greift dieses Bild auf und spricht noch deutlicher, indem es eben jene Chaosmächte als den Satan versteht: „Er wurde gestürzt, der große Drache, die alte Schlange, die Teufel oder Satan heißt und die ganze Welt verführt; der Drache wurde auf die Erde gestürzt, und mit ihm wurden seine Engel hinabgeworfen". (Offb 12,9)

Die Begriffe „Leviathan", „Drache", „Rahab" und „Schlange" sind miteinander vergleichbar und etwa gleichbedeutend. Sie bezeichnen das als mythisches Ungeheuer vorgestellte Chaosmeer, das Gott einst bei der Schöpfung bezwungen hat. Der Prophet greift hier diese Ausdrücke auf, um den gegenwärtigen Zustand der Welt als ebenso chaotisch wie damals und die endzeitliche Wende als eine zweite Schöpfung zu beschreiben. Die drei Ungeheuer weisen auf die eine gottfeindliche Macht hin, die Jahwe vernichten wird.

Diese Tiersymbolik kann dann später auch als Anspielung auf bestimmte weltliche Bedrückermächte verstanden werden, von denen Israel annahm, daß sie im Dienste des Bösen stünden und deren Herrschaft auf die Entmachtung des einen Gottes und auf die Knechtung seines auserwählten Volkes zu zielen schien.

Diese Androhungen machen deutlich, daß unsere Welt in der Gewalt des Bösen und der Sünde ist; diese kulminiert in einem gewaltigen Angriff der bösen Mächte. Die ganze Natur gerät in Unordnung. Gewalt und Ungerechtigkeit, Bosheit und Lüge, Zügellosigkeit und Rücksichtslosigkeit, Gewinn-

und Machtstreben regieren unsere Zeit. Dabei steigern sich die Leiden der Frommen ins Unermeßliche. Man spricht dann von den „eschatologischen Wehen“.

Wie eine schwangere Frau, die nahe daran ist, ihr Kind zu gebären, die sich in ihren Wehen windet und schreit, so waren wir, Herr, in deinen Augen. (Jes 26,17)

Die Nöte der Vergangenheit und der Gegenwart sind Wehen für die neue Zeit, die geboren werden soll. Schwangerschaft und Wehen versinnbildlichen einen Zustand gespanntester Erwartung, deren Ziel um so näher zu sein scheint, je höher die Leiden sind. Denn der Zusammenbruch alles Existierenden manifestiert nicht die Abwesenheit Gottes, sondern leitet vielmehr sein Hervortreten ein. Gottes Heilszukunft wird zwar durch das Gericht eingeleitet, er hält aber seinem Geschöpf die Treue. Deshalb gehen Welt und Geschichte nicht einfach im totalen Chaos, im absoluten Nichts zugrunde. Die Zukunft der Welt besteht darin, daß alles endigt, was eben nicht „endgültig“ ist.

Deshalb be-endet Jahwe nicht nur die Herrschaft der Dämonen und deren Helfer, auch der größte Feind der Menschen, der Tod, verliert schließlich seine Macht. Während die verstorbenen feindlichen Herrscher, die Israel bedrückt haben, nicht mehr wiedererstehen, für ewig ins Schattenreich, die Scheol, verdammt sind, erwacht unter dem Volk Israel eine Restitutionshoffnung, die sich zum Auferstehungsglauben erweitert. Jahwe wird sein Volk vermehren, und dafür dankt es ihm:

Deine Toten werden leben, die Leichen stehen wieder auf; wer in der Erde liegt, wird erwachen und jubeln. Denn der Tau, den du sendest, ist ein Tau des Lichts; die Erde gibt die Toten heraus. (Jes 26,19)
Er beseitigt den Tod für immer. Gott, der Herr, wischt die Tränen ab von jedem Gesicht. Auf der ganzen Erde nimmt er von seinem Volk die Schande hinweg. Ja, der Herr hat gesprochen. (Jes 25,8)

Der hier bezeugte Auferstehungsglaube hat seinen Ursprung wohl im alttestamentlichen Gottesbild: Jahwes Macht ist so groß, daß sie sich auch über das Totenreich erstreckt.

Mit dem Sieg Gottes über alles Chaotische dieser Welt, über die bösen Mächte und sogar den Tod, bricht das neue Zeitalter herein, die Ewigkeit. Der Herr erweist sich beim Antritt seiner Weltherrschaft, wie bereits bei der Schöpfung der Welt, als Herr über Leben und Tod. Das Reich Gottes wird mit einer Neuschöpfung ansetzen. In Jes 65,17 läßt der Prophet Jahwe selbst zu Wort kommen und das endzeitliche Heil beschreiben: „Denn schon erschaffe ich einen neuen Himmel und eine neue Erde. Man wird nicht mehr an das Frühere denken, es kommt niemand mehr in den Sinn.“

Damit erweist sich die gegenwärtige Zeit und die Menschheitsgeschichte, damit auch die Heilsgeschichte, als „vor-läufig“ im doppelten Sinne: Vorläufig zunächst im Sinne einer Unvollkommenheit und vor-laufend im Gegensatz zur Zu-kunft Gottes, die als end-gültig gedacht werden muß und deshalb zum Maßstab der vor-läufigen Gegenwart wird.

Dem traurigen Bild, das die gegenwärtige Welt bietet, ist die Beschreibung von der Verwirklichung des Reiches Gottes entgegengesetzt. Wenn Jahwe seine Herrschaft antritt, wird auf dem Zion ein Festmahl gehalten werden, das mit keinem irdischen Fest verglichen werden kann:

Der Herr der Heere wird auf diesem Berg für alle Völker ein Festmahl geben mit den feinsten Speisen, ein Gelage mit erlesenen Weinen, mit den besten und feinsten Speisen, mit besten, erlesenen Weinen.
Er zerreißt auf diesem Berg die Hülle, die alle Nationen verhüllt, und die Decke, die alle Völker bedeckt. (Jes 25,6f)

Nach dem Gericht wird auf dem Zion die Herrschaft Gottes offen-bar werden, wird all das enthüllt werden, was menschlichen Augen vorher noch verborgen war. Die Menschen werden fähig sein, die Dinge so zu sehen, wie sie wirklich sind; der Glaube an Gott wird umgewandelt werden in ein ständiges Schauen Gottes. Die menschliche Unempfänglichkeit gegenüber allem Überirdischen, Göttlichen wird beseitigt werden. Das Jenseitige, das Eigentliche, wird sichtbar. Das vorher Verborgene erschließt sich. Neben der Pracht Gottes verliert alles Geschaffene seine Herrlichkeit.

Dann muß der Mond sich schämen, muß die Sonne erbleichen. Denn der Herr der Heere ist König auf dem Berg Zion und in Jerusalem, er offenbart seinen Ältesten seine strahlende Pracht. (Jes 24,23)

Was dem Menschen dieser Welt den Blick auf die vollkommene Herrlichkeit Gottes noch verstellt, ist die Sünde, sein Egoismus. Denn die Vernichtung des Todes allein bedeutet ja noch nicht die Vollendung der Seligkeit. Mit dem Tod schwindet auch das Leid in seiner tausendfachen Gestalt. Jahwe entfernt die Tränen samt ihrer Ursache. Der Mensch lernt, über sich hinaus zu blicken. Aus diesem Grunde kann der Gerechte getrost das Gericht herbeiwünschen.

Der Weg des Gerechten ist gerade, du ebnest dem Gerechten die Bahn.
Herr, auf das Kommen deines Gerichts vertrauen wir. Deinen Namen anzurufen und an dich zu denken ist unser Verlangen.
Meine Seele sehnt sich nach dir in der Nacht, auch mein Geist ist voll Sehnsucht nach dir. Denn dein Gericht ist ein Licht für die Welt, die Bewohner der Erde lernen deine Gerechtigkeit kennen. (Jes 26,7–9)

Aus diesen Versen spricht eine starke Erlösungssehnsucht heraus. Das Endgericht wird erwartet als Befreiung von der gegenwärtigen Bedrängnis und als Herbeiführung des Heils.

Auch in unserer Zeit erwarten die Menschen von der Zukunft, daß sie besser, friedvoller und glücklicher wird. Der christliche Leser gar bringt seinen eigenen Glauben ein, denn das Neue Testament weiß die endzeitlichen Ereignisse unlösbar an die Person Jesu gebunden: Gottes Kommen ist in Jesus Ereignis geworden. Aber die Vollendung des Reiches Gottes steht noch aus. In der Verkündigung Jesu liegt eine große Spannung: Die Herrschaft Gottes ist mit ihm schon da, und sie kommt doch erst in der Zukunft mit Macht und Herrlichkeit.

Zur neutestamentlichen Lehre vom Reich Gottes gehören deshalb drei Momente: Die Botschaft Jesu vom Reich Gottes, die Erfüllung seiner Verheißung in den Heilsereignissen der Kreuzigung und der Auferstehung und die eschatologische Hoffnung auf die definitive Vollendung bei der Wiederkunft Christi. In dieser Spannung zwischen dem zweiten und dritten Moment, dem „schon" und dem „noch nicht", befindet sich bis heute der gläubige Christ.

Jesus hat durch seinen Tod die Menschen von den Mächten befreit, die sie am tiefsten bedrohen, der Sünde und dem Tod. Mit der Auferstehung, dem Sieg über den Tod, beginnt die Durchsetzung der Herrschaft Gottes. Darum erscheint in der Verkündigung Jesu das ewige Leben geradezu als Correlatbegriff des Reiches Gottes.

Seine Auferstehung ist kein vergangenes und fertiges Ereignis, sondern wird die Auferstehung der Vielen nach sich ziehen. Ebenso ist mit dem Ereignis des Kommens Gottes nicht nur damals etwas geschehen, sondern etwas ist aufgerichtet, das sich in dieser Welt durchsetzen wird.

Die Ankündigung der Gottesherrschaft ist ein Höhepunkt alttestamentlicher Weissagung, den das Neue Testament häufig aufgegriffen hat. Die Bibel verwendet mit Vorliebe für dieses Vollendetsein das Bild des festlichen Mahles. Das Mahl symbolisiert die Gnaden und Segnungen dieses Reiches. Auch Christus hat in den Parabeln vom großen Festmahl (Lk 14,16–24) und dem königlichen Hochzeitsmahl (Mt 8,11; 22,2–14) dieses Bild aufgegriffen.

Der christliche Leser der Jesaja-Apokalypse ist so in zweifacher Weise durch die alttestamentliche und neutestamentliche Dimension bestimmt: Zwar werden die alttestamentlichen Ankündigungen im neutestamentlichen Geschehen nicht ins helle Licht der Geschichte gerückt, doch Jesus selbst erhellt den dunklen Weg der Menschheit in die Zukunft. Eine Leuchte ist den Menschen gegeben, bevor der Tag anbricht (vgl. 2 Petr 1,19). Deshalb kann die Kirche voll Sehnsucht rufen: „Maranatha – Komm, Herr Jesus".

Sabine Eisenreich

Praktische Bibelarbeit

Arbeitshilfen für die Bibelarbeit mit dem Buch Jesaja

Zur Vorbereitung einer Bibelarbeit mit dem Buch Jesaja empfiehlt sich neben den auf den Seiten 15, 30, 54 und 81 genannten Kommentaren auch, eine gute Zusammenfassung der Theologie des jeweiligen Propheten zu lesen. Für den Überblick empfehlen sich da vor allem *Franz Josef Stendebach, Rufer wider den Strom.* Sachbuch zu den Propheten Israels, (Katholisches Bibelwerk) Stuttgart 1985 und *Alfons Deissler, Dann wirst du Gott erkennen.* Die Grundbotschaft der Propheten, (Herder) Freiburg 1987.

Für die Einführung in die Propheten Israels, speziell zu Jesaja eignet sich auch ein Tonbild: *Jesaja – Prophet der Hoffnung.* Die Propheten Israels, (Lahn) Limburg 1985. Vorschläge zur praktischen Bibelarbeit mit verschiedenen Jesajatexten bieten *Katholisches Bibelwerk/Evangelisches Bibelwerk (Hrsg.), Licht der Völker.* Das Buch Jesaja (Bibelauslegung für die Praxis Bd. 11), (Katholisches Bibelwerk) Stuttgart ^{2}1987 und *Josef L. Schultes, Im Anspruch Gottes.* Ein Arbeitsheft zum Buch Jesaja (Gespräche zur Bibel H. 3), (Österreichisches Katholisches Bibelwerk) Klosterneuburg 1978.

Dann sei noch hingewiesen darauf, daß Deuterojesaja Thema der *Ökumenischen Bibelwoche 1978/79* und Protojesaja Thema der *Ökumenischen Bibelwoche 1987/88* war. Die hierzu erschienenen Materialien bieten Arbeitshilfen zu je 7 verschiedenen Texten.

Eine Bibelarbeit, gestaltet als „Begegnung mit Jesaja", bietet: *Karl Foitzik, Spiegelbilder.* Begegnungen mit Gestalten des Alten Testaments, (Kaiser) München 1980. Er erarbeitet diese Begegnung anhand von Texten aus Protojesaja (Jes 5–7; 20; 29,1–8).

Ein Vorschlag für eine Bibelarbeit mit einem Text aus Deuterojesaja (Jes 43, 1–7) findet sich unter dem Thema „Würde Israels – die Botschaft der Propheten" in: *Franz-Josef Hungs, Die Propheten der Bibel.* Ein Arbeitsbuch für Schule, Erwachsenenbildung und Katechese, (Knecht) Frankfurt/M. 1986.

Das Thema „Gottesbild", erarbeitet an einem Text aus Tritojesaja (Jes 63, 15–19), findet sich in: *Franz-Josef Hungs, Mein-dein-unser Gott*, Bibelarbeit zum Thema Gottesbild, (Benziger) Zürich–Köln 1983.

Dieter Bauer

Inhalt

Mitarbeiter

Dipl.-Theol. Dieter Bauer ist Wissenschaftlicher Mitarbeiter beim Katholischen Bibelkwerk e.V. Seine Adresse: Silberburgstraße 121, 7000 Stuttgart 1.

Dipl.-Theol. Sabine Eisenreich promoviert z. Zt. in Alttestamentlicher Exegese in Augsburg. Ihre Adresse: Poststraße 11, 8900 Augusburg 21.

Dr. Herbert Haag ist Professor em. für Altes Testament an der Universität Tübingen. Seine Anschrift: Haldenstraße 26, CH-6006 Luzern.

Msgr. Dr. Franz Josef Helfmeyer ist Leiter der Erzbischöflichen Bibel- und Liturgieschule in Köln. Seine Adresse: Rochusstraße 141, 5000 Köln 30.

Dr. Rudolf Kilian ist Professor für Alttestamentliche Exegese an der Universität Augsburg. Seine Adresse: Universitätsstraße 10, 8900 Augsburg.

Dr. Dirk Kinet ist Akademischer Rat für biblische und orientalische Sprachen an der Universität Augsburg. Seine Adresse: Badackerstraße 7, 8901 Merching.

Dr. Ivo Meyer ist Professor für Altes Testament an der Universität Luzern. Seine Adresse: Rütlimatte 18, CH-6043 Adligenswil.

Dr. Dr. Juan Peter Miranda ist Wissenschaftlicher Mitarbeiter beim Katholischen Bibelwerk e.V. Seine Adresse: Silberburgstraße 121, 7000 Stuttgart 1.

Prof. Dr. Paul-Gerhard Müller ist Direktor des Katholischen Bibelwerks in Deutschland. Seine Adresse: Silberburgstraße 121, 7000 Stuttgart 1.

Dipl.-Theol. Hans-Joachim Remmert promoviert z. Zt. in Alttestamentlicher Exegese in Tübingen. Seine Adresse: Emil-Nolde Weg 1, 7032 Sindelfingen.

Rainer Ruß war lange Jahre Wissenschaftlicher Mitarbeiter beim Katholischen Bibelwerk und ist nun Pfarrer in Markgröningen. Seine Adresse: Mühl-Gasse 11, 7145 Markgröningen.

Dr. habil. Wolfgang Werner ist Akademischer Rat am Lehrstuhl für Exegese des Alten Testaments an der Universität Augsburg. Seine Adresse: Lilienthalstr. 1, 8900 Augsburg.

Quellenhinweis

Die Fotos zu diesem Band stellten uns zur Verfügung:
Hans Hug (Titelbild), Fritz Kehrer, CH-Kriens (S. 8/9, 17, 24/25, 83), Jesper Dijohn, Köln (S. 31, 38/39), Werner Stuhler, Hergensweiler (S. 7). Das Bild auf S. 47 von Sieger Köder ist entnommen: Tübinger Bibel in Bildern, Verlag Katholisches Bibelwerk (Stuttgart) 1972.
Die Meditationstexte sind entnommen aus:
Erich Fried, Gegengift. Gedichte, Klaus Wagenbach-Verlag (Berlin) 1974 (S. 8/9), Christa Peikert-Flaspöhler, Füße hast du und Flügel. Gedichte, Lahn-Verlag (Limburg) [2]1986 (S. 16), Martin Gutl, Loblied vor der Klagemauer, Styria-Verlag (Graz–Wien–Köln) 1978 (S. 38, 55, 65), Eva Zeller, Auf dem Wasser gehen, Deutsche Verlags-Anstalt (Stuttgart) 1979 (S. 73).
Die Bibeltexte (S. 24, 31, 46, 82, 91, Umschlagrückseite) sind entnommen: Die Gute Nachricht. Die Bibel in heutigem Deutsch, Deutsche Bibelgesellschaft Stuttgart 1982.
Wir danken allen, die uns Fotos und Texte zum Abdruck freigegeben haben.